新型道路交通
绿波通行方案
研究

吴宇强 ○ 著

西南交通大学出版社
·成都·

图书在版编目（CIP）数据

新型道路交通绿波通行方案研究/吴宇强著. —成都：西南交通大学出版社，2016.11
ISBN 978-7-5643-5145-8

Ⅰ.①新… Ⅱ.①吴… Ⅲ.①交通信号－信号处理 Ⅳ.①U491.5

中国版本图书馆 CIP 数据核字（2016）第 280231 号

新型道路交通绿波通行方案研究
吴宇强 著

微信扫一扫
咨询吴宇强

责 任 编 辑	姜锡伟
封 面 设 计	何东琳设计工作室
关 注 公 众 号	吴宇强
出 版 发 行	西南交通大学出版社 （四川省成都市二环路北一段 111 号 西南交通大学创新大厦 21 楼）
发行部电话	028-87600564　028-87600533
邮 政 编 码	610031
网　　　　址	http://www.xnjdcbs.com
印　　　　刷	四川森林印务有限责任公司
成 品 尺 寸	170 mm×230 mm
印　　　　张	6.5
字　　　　数	93 千
版　　　　次	2016 年 11 月第 1 版
印　　　　次	2016 年 11 月第 1 次
书　　　　号	ISBN 978-7-5643-5145-8
定　　　　价	39.00 元

图书如有印装质量问题　本社负责退换
版权所有　盗版必究　举报电话：028-87600562

序 preface

随着世界各国城市化的不断加速推进，城市道路交通问题已经成为大部分大中型城市面临的重大难题之一。城市道路交通问题是一个复杂的综合性问题，其形成和发展的原因涉及以下几个方面因素：

一是客观的供求关系，主要表现为城市道路的交通容量与交通需求间的不协调关系[1]。

随着汽车工业的迅猛发展以及竞争关系的激烈化，小型汽车的销售价格大幅下降，再加上人民生活水平的显著提高，私人汽车拥有量逐年加速递增。

据中国国家统计局《中国统计年鉴2014》统计，2005年中国民用汽车拥有量为3 159.66万辆（其中私人汽车拥有量为1 848.07万辆，占比58.49%），到2014年中国民用汽车拥有量增长至14 598.11万辆（其中私人汽车拥有量为12 339.36万辆，占比84.53%），10年间民用汽车拥有量增长了11 438.45万辆（其中私人汽车拥有量增长10 491.29万辆），增长率为362.02%，折合年平均增长率为36.20%。可以看出，2005年至2014年期间，汽车拥有量的增长主要是私人汽车拥有量的增长，私人汽车增长量占民用汽车增长总量的91.72%。

然而，一座城市的容纳能力是有限的，城市的发展受限于土地的供应。而且有限的土地资源不仅仅只用于道路交通，还需要优先满足人类的居住生活需求。

另外，大城市往往由中小城市发展而来，城市主城区布局相对固定，且建筑密度也较大，预留的道路面积就相对较少。在城市化进程中，城市人口极速膨胀，远远超出了城市的容纳能力，同时道路建设的速度始终跟不上机动车的增长速度，从而导致"人-车-路"之间的矛盾产生。

二是城市道路管理不善[1]。在城市化进程中，城市经济发展了，但城市管理者忽视了城市交通基础设施的建设，势必导致城市建设的畸形发展，从而加剧了城市道路的交通容量与交通需求间的不协调。

长期以来，城市建设决策者对城市交通问题认知不足，一直对城市交通规划不够重视，或忽视城市交通规划，或对城市交通规划缺乏科学性和预见性，城市建设的内容仅限于城市工程建筑及人文景观工程等基础设施，很少考虑城市社会经济的发展对城市交通的影响。

尤其是中国的城市建设中，一般对城市发展规划较保守，以"一个中心"的城市发展思路，采取"摊大饼"式的城市拓张模式，结果导致城市主城区交通压力骤增，人流、车流和建筑群交叉集中，加剧了城市道路交通的拥堵问题。

三是城市道路交通本身的复杂性[2]。城市道路网中平面交叉口密集，车辆主要在交叉口信号灯的指挥下行驶，基本无法形成自由流；同时，车辆是由人驾驶的，人的心理跟生理反应都会间接影响整个车流乃至整个城市的交通状况。城市车流经信号灯和人的心理-生理反应综合调制后，具有十分复杂的时空分布特性、非平稳性和可变性。

同时，城市道路交通网中各交叉口不是简单的汇集，而是具有非常强的相互作用。一个道路交叉口有来自4个方向的车流汇入（若考虑每个方向上直行、左转和右转的车流，则有12种车流），而车流通过该交叉口后产生经该交叉口信号灯调制的车流，该调制后的车流又成为相邻交叉口的输入车流。交叉口越多，则城市道路交通情况就越复杂。

问题本身的复杂性，也导致了寻求解决方案的复杂化。虽然世界各国研究机构都投入了大量的人力、物力以及财力资源，研究开发各种交通信号控制系统，但到目前为止，还没有一种解决方案可以普适并有效地解决城市交通的拥堵问题。

本书主要研究一种新型的交通信号灯的优化控制方法，通过合理配置交通信号灯的控制模式，优化交通信号灯的周期、绿信比和相位差等配置参数，降低路网中车辆的平均延误时间，以达到缓解城市道路交通拥堵情况的目的，同时提高城市道路交通系统的效率。

本书共分为6章，主要章节内容如下：

第1章简要介绍了道路交通的一些基本概念，包括交通信号的分类、交通信号灯的基本要素、交通信号灯的控制方式、道路交通的评价指标，以及本书所使用的道路交通仿真工具。这些道路交通基本概念的介绍，可以为读者提供一个基本的认识，有助于后续章节内容的讨论。

第 2 章阐述了单一交叉口的信号灯配置问题。本章首先介绍了单一十字型交叉口中信号灯的不同配置方式,包括单直模式和双直模式,并总结了这两种模式各自的优缺点,接着介绍了单一特殊交叉口中信号灯的配置方案,以及特殊交通状况下的优化方案。

第 3 章主要是针对理想化主干道提出了双向绿波带模型。为建立主干道双向绿波带模型,本章首先提出了模型的基本假设,然后根据这些基本假设推导出能够实现主干道双向绿波通行的绿波带模型,接着在 VISSIM 仿真软件中配置相关参数,建立仿真模型并得到所需的评价指标,利用这些评价指标来验证主干道双向绿波带模型的合理性,最后对主干道双向绿波带模型进行了归纳总结。

第 4 章主要介绍理想化主干道双向绿波带模型的各种应用实例。本章从另一个角度分解不规整的实际主干道,使其满足理想化主干道的条件,接着再应用理想化主干道的双向绿波带模型,从而让实际的主干道实现双向绿波通行。本章分别讨论了实际主干道上交叉口间距与理想化主干道交叉口间距成整数倍关系和不成整数倍关系的两种情况,并根据实际主干道交叉口间距的比例关系进行子区域的划分,使得主干道双向绿波带模型能够更好地适配于实际复杂的道路交通状况,最后从数学的角度分析了主干道双向绿波带模型的配置参数。

第 5 章提出了整个道路网的绿波带模型。本章根据理想化主干道双向绿波带模型,推导出了道路网的绿波带模型,并通过仿真软件得到该模型的评价指标,利用这些评价指标来验证道路网绿波带模型的合理性,最后对道路网绿波带模型进行了归纳总结。

第 6 章主要是对本书提出的绿波带模型的评价与优化。本章首先对绿波带模型进行总结评价,接着对实际交通中常见的拥堵现象进行深度剖析,并提出相应的预防和处理方案,最后研究绿波带模型与公交系统的结合问题。

目录 contents

第 1 章 道路交通的基本概念 ··· 1
  1.1 交通信号的分类 ··· 3
    1.1.1 交通信号灯 ··· 3
    1.1.2 交通标志 ··· 3
    1.1.3 交通标线 ··· 4
    1.1.4 交通警察指挥 ··· 4
  1.2 交通信号灯的基本要素 ··· 5
    1.2.1 相　位 ··· 5
    1.2.2 周　期 ··· 5
    1.2.3 绿信比 ··· 6
    1.2.4 相位差 ··· 6
  1.3 交通信号灯的控制方式 ··· 7
    1.3.1 定时控制 ··· 7
    1.3.2 感应控制 ··· 7
    1.3.3 自适应控制 ··· 8
  1.4 道路交通的评价指标 ··· 8
    1.4.1 延误时间 ··· 9
    1.4.2 排队长度 ·· 10
    1.4.3 通行量 ··· 11
    1.4.4 停车次数 ·· 11
  1.5 道路交通的仿真工具 ·· 11
  1.6 本章小结 ·· 12

第 2 章 单交叉口信号灯控制 ··· 13
  2.1 十字型交叉口信号灯配置 ······································ 15
  2.2 特殊交叉口信号灯配置 ·· 19

  2.2.1 T 型交叉口 ………………………………………… 19
  2.2.2 环型交叉口 ………………………………………… 21
 2.3 本章小结 …………………………………………………… 22
第 3 章 主干道双向绿波带模型 ……………………………………… 23
 3.1 主干道双向绿波带模型的建立 …………………………… 25
  3.1.1 基本假设 …………………………………………… 25
  3.1.2 过程分析 …………………………………………… 25
 3.2 主干道双向绿波带模型的 VISSIM 仿真 ………………… 28
 3.3 主干道双向绿波带模型的指标评价 ……………………… 34
 3.4 主干道双向绿波带模型总结 ……………………………… 38
  3.4.1 纯十字型主干道 …………………………………… 38
  3.4.2 与 T 型交叉口混合 ………………………………… 40
  3.4.3 与双直模式混合 …………………………………… 42
 3.5 本章小结 …………………………………………………… 43
第 4 章 主干道双向绿波带应用实例 ……………………………… 45
 4.1 城际交通应用实例 ………………………………………… 47
 4.2 城市交通应用实例 ………………………………………… 50
 4.3 子区域划分 ………………………………………………… 55
 4.4 数学分析 …………………………………………………… 55
  4.4.1 单车道通行量分析 ………………………………… 55
  4.4.2 交叉口的偏移分析 ………………………………… 58
  4.4.3 设计速率的变化分析 ……………………………… 59
  4.4.4 偏移与速率同步变化分析 ………………………… 60
  4.4.5 绿灯时长分析 ……………………………………… 60
  4.4.6 分析综述 …………………………………………… 63
 4.5 本章小结 …………………………………………………… 63
第 5 章 道路网绿波带模型 ……………………………………………… 65
 5.1 道路网绿波带模型的建立 ………………………………… 67
  5.1.1 基本假设 …………………………………………… 67
  5.1.2 过程分析 …………………………………………… 67

  5.2 道路网绿波带模型指标评价 ·· 71
  5.3 应用场景总结 ··· 75
  5.4 本章小结 ·· 81

第 6 章 总结与优化 ·· 83
  6.1 绿波带模型的意义 ··· 85
  6.2 道路拥堵的预防与处理 ·· 86
    6.2.1 拥堵指标 ··· 86
    6.2.2 预防与处理 ··· 89
  6.3 与公交系统的结合 ··· 90
  6.4 本章小结 ·· 92

参考文献 ··· 93

第 1 章
道路交通的基本概念

1.1 交通信号的分类
1.2 交通信号灯的基本要素
1.3 交通信号灯的控制方式
1.4 道路交通的评价指标
1.5 道路交通的仿真工具
1.6 本章小结

第 1 章 道路交通的基本概念

本章主要介绍一些道路交通的基本概念，让读者对道路交通有一个基本的认识。

1.1 交通信号的分类

在城市道路网中，道路纵横交错，人流和车流川流不息，如果没有交通信号的协调控制，城市道路交通将陷入瘫痪状态。交通信号的作用是合理分配道路上车辆、行人的通行权，使之有秩序地顺利通行。

交通信号分为交通信号灯、交通标志、交通标线和交通警察的指挥。

1.1.1 交通信号灯

交通信号灯，即所谓的红绿灯，是以规定时间交互更替的光色信号，设置于交叉路口或其他特殊地点，用以将道路通行权指定给车辆和（或）行人，管制其行止及转向的交通管制设施。它以红、黄、绿三色灯号或辅以声音，指示车辆及行人停止、注意与行进。

在交叉口通过设置信号灯，只有指定方向的车流在规定的绿灯时间内单独占用道路空间，而其他方向的车流只能原地等待绿灯放行。这种交通控制方式，以时间换取空间，实现各个方向车流在时间上的分离，使得交叉口的交通运行井然有序。

1.1.2 交通标志

交通标志是指用图案、符号、数字和文字对交通进行导向、限制、警告或者指示的交通设施，一般设置于路侧或道路上方，有利于调节交通流量、疏导交通，提高道路通行能力，并可预示前方道路状况，提醒车辆与行人注意安全，减少交通事故的发生。

道路交通标志分为主标志和辅助标志两大类。主标志又分为警告标志、禁令标志、指示标志、指路标志、旅游区标志和道路施工安全标志六种；辅助标志是在主标志无法完整表达或指示其内容时，为维护行车安全与交通畅通而设置的标志,附设在主标志下,起辅助说明作用。

1.1.3 交通标线

交通标线是指在道路的路面上,用线条、箭头、文字、立面标记、突起路标和轮廓标等标识,向车辆与行人传递引导、限制、警告等交通信息的交通设施。其作用是管制和引导交通。

在实际的道路交通管理中,渠化与导流[3]是一种有效的提高道路交叉口通行能力的解决措施。通过在交叉口路面设置必要的交通标线,明确车辆与行人在交叉口内的行走路线,引导或强制一些流向的车辆与行人各行其道,从而将错综复杂的交通流引导至指定的路径进行交通组织。渠化与导流,从空间上分离了各方向的交通流,减少了交叉口中车流的冲突,提高了道路的通行能力。

1.1.4 交通警察指挥

交通警察指挥手势信号分为8种,分别是:停止、直行、左转弯、左转弯待转、右转弯、变道、减速慢行、示意车辆靠边停车。在有交通警察指挥车辆的情况下,应优先按照交通警察的手势行车,而不能按照前面介绍的其他三种交通信号行车。

在这4种交通信号中,交通标志与交通标线一般固定于道路的某处,不具备实时调控交通流的能力;而交通警察指挥这种方式,虽然能够实时调控交通流,但由于其对交通的控制不够精准,且人力资源有限等,这种交通控制方式不具备大面积推广的能力。

而交通信号灯,虽然一般固定于道路交叉口中,也不能够实时调控交通流(针对未使用辅助控制装置的信号灯),但是它可以通过配置不同的参数(周期、绿信比、相位差等),灵活精准地控制各个方向车流的通行,使之有秩序地顺利通行。

因此,本书主要讨论道路交叉口的交通信号灯,如果文中没有明确指明交通信号的概念,其指的就是交通信号灯。

1.2 交通信号灯的基本要素

交通信号灯的基本要素主要有：相位、周期、绿信比和相位差。

1.2.1 相位

信号灯相位，表示信号灯的状态。

对于交通信号灯装置而言，它有3种相位：绿灯、红灯和黄灯。1968年，联合国《道路交通和道路标志信号协定》对各种信号灯的含义作了规定：

◆ 绿灯是通行信号，面对绿灯的车辆可以相应地直行、左转弯或右转弯，除非另一种标志禁止某一种转向。

◆ 红灯是禁行信号，面对红灯的车辆必须在交叉路口的停车线后停车。

◆ 黄灯是警告信号，面对黄灯的车辆不能越过停车线，但车辆已十分接近停车线而不能安全停车时可以进入交叉路口。

由于黄灯对车辆的控制处于一种模糊状态，且为了叙述的方便，本书暂时不讨论交通信号灯的黄灯相位。读者可将其归入红灯相位考虑，到实际应用场景时，再将其从红灯相位时间中剥离，这样可使问题得到简化，且既不影响道路交通的理论分析，也不影响理论分析结果的实际应用。

1.2.2 周期

对于交通控制而言，信号灯从起始相位开始到终止相位结束所经历的时间，称为一个信号灯周期。例如，对于只有两相位的信号灯，其周期等于一次绿灯时间与一次红灯时间的累加和。

在道路交叉口中，信号灯的周期要足够长以便于所有方向上的车流顺利通过路口，但不能过长。如果周期过短，不利于车流通过交叉口，且相位频繁转换耗费较多时间；但如果周期过长，车辆在交叉口等待的时间就会变长，延误也会变大。如图1-1所示描绘了周期和延误的一般关系。

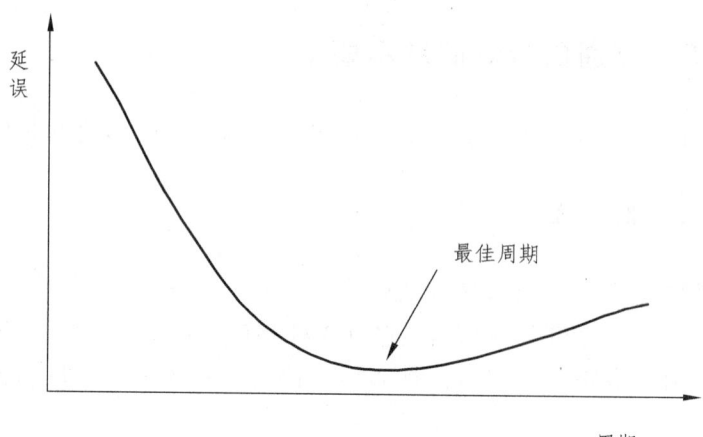

图 1-1 周期和延误的一般关系[4]

1.2.3 绿信比

绿信比，即信号灯的有效绿灯时长与周期总时长的比值。

一旦信号灯的周期和绿信比确定后，该信号灯的绿灯时间和红灯时间也就确定了。最小的绿灯时间，必须能够保证所有等待的行人安全通过交叉口。而最大红灯时间，必须考虑到原地等待绿灯放行的车辆驾驶人与行人的心理反应。按照交通工程经验，最小绿灯时间为 15 s，最大红灯时间为 180 s。

1.2.4 相位差

在本书的讨论中，相位差主要是指，沿着直行车辆的行驶方向，相邻交叉口绿灯相位的起始时刻的时间差。

在多个交叉口的协调控制系统中，相位差是一个重要的影响因素。如果相邻交叉口间的相位差配置得当，则能有效地减少直行车辆的延误和停车次数。

但如果相位差配置不当，同样会增加路网中车辆的延误时间，加剧城市道路交通的拥堵情况，并降低城市道路交通系统的效率。举一个现实生活中比较普遍的例子，某条主干道上一辆直行的汽车，正在第一个交叉口等待绿灯放行，当其准备起步时，第二个交叉口的信号灯正在倒计时转成红灯；等它到达第二个交叉口时，信号灯已经转成红灯，而此时第三个交叉口的信号灯正在倒计时转成绿灯。于是，这辆直行的汽车只能在每个交叉口都要停车等待绿灯放行，驾驶员也无可奈何。

而本书所提出的新型交通信号控制系统，正是通过优化相邻交叉口的相位差配置，使得道路网中的车辆都能顺畅地通过一个个交叉口，从根本上杜绝例子中类似情况的发生。

1.3 交通信号灯的控制方式

交通信号灯控制方式可以分为定时控制、感应控制和自适应控制。

1.3.1 定时控制

定时控制是实际交通中可以实现的最简单的控制方式，也是使用最广泛的一种控制方式。在定时控制系统中，交通信号控制机均按事先设定的配时方案运行，其中所有的控制参数（周期、绿信比和相位差）都是预先设定的。

一天只用一种配时方案的定时控制称为单段式定时控制；一天按不同时段的交通流量采用不同配时方案的定时控制称为多段式定时控制。

定时控制方式虽然简单且不能根据实时交通流量调控配时方案，但是只要合理地配置各个交叉路口的配时方案，指定方向的车流也可以低延误地通过各个交叉路口。本书也主要讨论这种定时的控制方式，而且在新型系统中，定时控制方式能够降低整个控制系统的复杂程度，提高控制系统的稳定性。

1.3.2 感应控制

感应控制是在交叉口进口引道上游设置车辆检测器，其信号灯配时方案可随检测器检测到的车流信息而动态改变的一种控制方式。

感应控制能够根据实际的上游交通状态连续地调整绿灯时间，使得上游到达的车辆能够及时通过交叉口，因此它能够处理车流量波动的交通环境。

这种控制方式在一定程度上克服了定时控制的缺点，但是由于没有考虑红灯相位的车辆排队长度，因此该控制方式只是对某一方向车流的优化，对全局来说这种改变没有起到很好的优化作用[4]。

另外，通过感应控制方式来动态改变单一交叉口的信号灯配时方案，这种方法还比较现实。但如果需要动态改变一组相关联协调的交叉口的信号灯配时方案，就会使得道路交通的管理变得复杂，甚至达到无解的状况。

1.3.3 自适应控制

自适应控制的基础是感应控制。自适应控制是把交通系统作为一个不确定系统，通过感应装置连续检测其运行状态（如车流量、停车次数、延误时间、排队长度等信息），逐渐了解和掌握所控制区域的交通状况，并针对某种性能指标而产生最优或次优配时方案的一种控制方式。

自适应控制，一般不需要建立交通流的精确数学模型，而是采用一些智能化的方法（如神经网络、模糊控制、遗传算法等），直接对采集到的交通数据进行优化决策，得到整个交通网络所需要的控制参数[4]。

自适应控制一般是采取分层递阶的控制方式，由路口控制级、区域控制级和中央控制级三级联网，实现点、线、面之间交通信号的协调控制。

这种控制方式更好地发挥了感应控制的优势，但也继承了感应控制的不足。在一定程度上，自适应控制对全局的交通网络进行了优化，但由于计算的复杂，可能不能及时地响应采集到的交通流数据，甚至也会达到无解的状况，即没有最优或次优配时方案。

1.4 道路交通的评价指标

道路交通的评价指标常用的有延误时间、排队长度、通行量和停车次数等，下面分别加以介绍。

1.4.1 延误时间

延误时间是指由于交通摩擦与阻碍以及交通管制等原因导致受阻车辆的行驶时间的损失，通常以秒或分钟来计算。延误时间包括固定延误、停车延误、排队延误、引道延误和行驶延误。

◆ 固定延误：由交通标志或交通控制装置引起的延误，如注意行人标志或闪烁的黄灯等装置，是与交通流状态和其他车辆干扰无关的延误，是一种无法完全排除的延误。

◆ 停车延误：车辆刹车停止不动的时间，其中包括车辆驾驶员从停车到起步的反应时间。

◆ 排队延误：排队时间与以畅行车速驶过交叉口停车线的时间之差。车辆第一次停车到越过停车线的时间，称为排队时间。根据定义，排队延误时间包含停车延误时间。

◆ 引道延误：引道时间与以畅行车速驶过交叉口停车线的时间之差。引道时间是指车辆受阻排队通过引道延误路段的时间。引道延误路段是指在交叉口进口引道上，从车辆因前方信号或已有排队车辆而开始减速行驶之断面至停车线的交通路线。

◆ 行驶延误：实际行驶时间与理论计算时间之差。理论计算时间是指在道路不拥堵的情况下，以畅行车速驶过检测路段所花费的时间。实际行驶时间，是指车辆驾驶员实际行驶通过检测路段所花费的时间，其包含以上所有的延误时间。当检测路段为引道延误路段时，行驶延误等于引道延误。

如图 1-2 所示为车辆在交叉口进口引道上的行程延误示意图。由图可以看出，在引道延误路段上，车辆受到延误的引道时间为 D 点的纵坐标值，畅行行驶时间为 C 点的纵坐标值。

引道延误为 D、C 两点纵坐标值之差。

停车延误为 F、E 两点纵坐标值之差。

排队时间为 D、E 两点纵坐标值之差。

排队延误为排队时间减去 C、B 两点纵坐标值之差。

据统计，通常停车延误约占引道延误的 76%，排队延误约占引道延误的 97%，因此，实际上通常以排队延误代替引道延误。

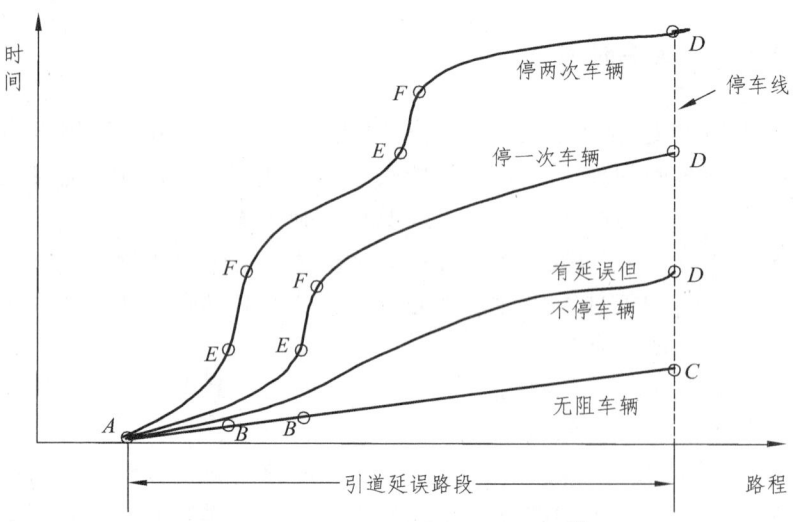

图 1-2　交叉口延误时间示意图[4]

从图中也可以看出，行驶车辆一旦停车排队，其通过交叉口的延误时间势必直线上升，而且停车起步后的斜率明显大于无阻车辆的斜率，即排队车辆的平均行驶速率明显低于正常的行驶速率，这也会增加车辆的延误时间。因此，可以认定，停车排队是导致车辆延误时间增加的主要原因。

那么，为了有效地降低车辆的平均延误时间，必须尽量减少车辆的停车次数，甚至达到不停车状态，即实现交叉口引道上的绿波通行。

1.4.2　排队长度

处于排队状态的停车断面到停车线的路程，称为排队长度。需要注意的是，只要满足行驶速率低于某一限值（例如正常行驶速率的10%），即可认定为处于排队状态，而不是一定要处于停车状态。

另外，由于实际道路网络是不规整的，往往没有笔直的道路，所以本书中所涉及的两个节点之间的距离均是指曲线路程（包括示意图中指示的直线长度），而不是指两节点之间的直线距离。

排队长度是衡量交叉口交通控制的一个重要指标。在同一条件下，如果交叉口引道上的排队长度越短，则说明交通控制效果越好，反之则越差。

1.4.3 通行量

通行量，是指一定时间内通过指定检测路段停止线的车辆数。它通过感应装置检测实际通行的车辆数量，通常用于评价交叉口或交通路段的通行能力。

通行量与路面的车道数密切相关，在同等条件下，车道数越多，道路通行量就越大。因此，必须引入另外一个评价指标——单车道通行量，它等于道路总通行量与车道数之商。在同一条件下，如果单车道通行量越大，则说明交叉口通行能力越好，交通控制效果也越好，反之则越差。

1.4.4 停车次数

停车次数也是交通控制中常用的一个性能指标，它通过检测行驶车辆在检测路段停车的次数来反映交通控制的效果。在同一条件下，如果停车次数越少，则说明交通控制效果越好，反之则越差。

本书使用 VISSIM 交通仿真软件来模拟仿真实际的道路交通情况，该仿真软件会自动生成以上这些评价指标，为理论分析提供了诸多便利。

1.5 道路交通的仿真工具

目前，市面上有多款用于微观交通仿真的工具软件，本书主要使用 VISSIM 交通仿真软件进行实际道路的模拟仿真，因此在这里简要地介绍一下这款交通仿真软件。

VISSIM 是德国 PTV 公司的产品[5]，是一款微观的、基于时间间隔和驾驶行为的仿真建模工具，用于城市交通和公共交通运行的交通建模。它可以分析各种交通条件下，如车道设置、交通构成、交通信号、公交站点等，城市交通和公共交通的运行状况，是评价交通工程设计和城市规划方案的有效工具。

VISSIM仿真软件内部由交通仿真器和信号状态产生器两部分组成，它们之间通过接口交换检测器数据和信号状态信息。交通仿真器是一个微观交通仿真模型，它包括车辆纵向运动的跟车模型和横向运动的车道变换模型。信号状态产生器是一个信号控制软件，可以通过程序实现交通流的控制逻辑。

交通仿真模型的精确性主要取决于车流量模型的质量,与其他不太复杂的模型采用连续速度和确定的跟车模型不同,VISSIM 采用的跟车模型是 Wiedemann 于 1974 年建立的心理-生理类驾驶行为模型。该模型的基本思路是:一旦后车驾驶员认为他与前车之间的距离小于其心理(安全)距离时,后车驾驶员开始减速。由于后车驾驶员无法准确判断前车车速,后车车速会在一段时间内低于前车车速,直到前后车间的距离达到另一个心理(安全)距离时,后车驾驶员开始缓慢地加速,由此周而复始,形成一个加速、减速的迭代过程。

车速和空间阈值的随机分布能够体现出驾驶员的个体驾驶行为特性。德国 Karlsruhe 工业大学进行了多次实地测试以校准该模型的参数。定期进行的现场测试和模型参数更新能够保证驾驶行为的变化和车辆性能的改善在该模型中得到充分的反映。

在多车道路段上,VISSIM 允许驾驶员不仅考虑本车道上前面的车辆(默认为 2 辆),也考虑两边邻近车道的车辆。此外,在距离交叉口停车线 100 m 处,驾驶员警惕性会提高。

同时,VISSIM 既可以在线生成可视化的交通运行状况,也可以离线输出各种统计数据,比如上文提到的道路交通评价指标。

基于以上这些特点,使用 VISSIM 交通仿真软件能够接近现实地模拟实际道路的交通状况。

1.6 本章小结

本章简要地介绍了道路交通相关的一些基本概念。首先介绍了交通信号的分类,交通信号分为交通信号灯、交通标志、交通标线和交通警察指挥 4 种类型,本书主要讨论交通信号灯;其次介绍了交通信号灯的基本要素,包括相位、周期、绿信比和相位差;再次介绍了交通信号灯的几种控制方式,主要有定时控制、感应控制和自适应控制,并简要分析了它们各自的优缺点;再次介绍了道路交通常用的一些评价指标,主要有延误时间、排队长度、通行量和停车次数等;最后介绍了本书所使用的道路交通仿真工具——VISSIM 仿真软件。

以上这些道路交通基本概念的介绍,能够让读者对道路交通有一个基本的认识,有助于后续章节内容的讨论。

第 2 章
单交叉口信号灯控制

2.1 十字型交叉口信号灯配置
2.2 特殊交叉口信号灯配置
2.3 本章小结

第 2 章
单交叉口信号灯控制

城市道路分布密集，多条道路交汇即形成道路交叉口。交叉口是人为规划导致的冲突点，也是道路的基本和重要组成部分，对道路交通运营效率和交通安全起着关键和决定性的作用。本章主要阐述单一交叉口的信号灯配置问题。

2.1 十字型交叉口信号灯配置

相位表示一种状态，针对不同的参照物，它有不同的意义。

对于车流来说，它有 4 种相位：直行、左转、右转和掉头。在大多数情况下，准备右转或掉头的车辆，只要其不影响并入车道原有车流的正常行驶，它们都可以自由地转向。而且绝大多数实际的道路交叉口都没有设置右转和掉头的专用信号灯装置，因此本书不讨论右转和掉头的车流，只讨论关键的直行和左转的车流。

对于道路交叉口来说，其相位的变化比较复杂，取决于道路交叉口的形态以及交通规划管理者的意愿。举个例子，对于典型的十字型交叉口，理论上有 0 到 16 种的相位。也就是说，十字型交叉口可以是零相位，即不用设置信号灯，比如车流量较少的交叉口；也可以为每个方向的车流的每个车流相位单独设置一个交叉口相位，即 4 个方向乘以 4 个车流相位，一共 16 个交叉口相位。

但正常情况下是不会设置这么多交叉口相位的，这样不仅操作复杂而且浪费资源。

对于典型的十字型交叉口，一般有两种类型的交叉口相位分配方式：

（1）东西向车道上的双向车流同时直行前进，交叉口相位变换后，东西向车道上的双向车流同时左转进入南北方向车道；南北向车道上的双向车流也是类似的通行方式，如图 2-1（a）所示。笔者称这种交叉口相位分配方式为双向车流直行或左转模式，简称双直模式。

（2）东西向车道上，先让一个方向（由东往西或由西往东）上的车流直行和左转，交叉口相位变换后，由另一方向（由西往东或由东往西）上的车辆直行和左转；南北向车道上的车流也是类似的通行方式，如图 2-1（b）所示。笔者称这种交叉口相位分配方式为单向车流直行和左转模式，简称单直模式。

(a）双直模式　　　　　　　（b）单直模式

图 2-1　十字型交叉口的两种相位分配方式

单直模式与双直模式最主要的区别在于，单直模式是直行与左转车流同时通行，而双直模式是直行与左转车流分别通行。

另外，在单直模式的交叉口引道上，直行车辆进入最左车道（原本属于左转专用道），并不会影响该车道上的左转车辆，但是可能与次左车道上待左转的车辆发生冲突。为了避免这种冲突的发生，规定单直模式中的左转车辆必须提前进入最左车道，从而保证直行车辆可以在任意车道上行驶。

双直模式这种交叉口相位配置方式，在现实中使用最广泛，同时也是交通工程研究学者和工程师们重点研究的对象，很多自适应控制的算法都是基于这种直行和左转分离的双直模式。双直模式的优点很明显，有以下几方面：

（1）一个方向上的车流进行直行与左转分离，便于理论分析者研究每一个车流的运动轨迹，并据此建立合适的交通流模型。

（2）一个方向上的左转车辆与对向的直行车辆分离，避免车流交汇导致的冲突。

（3）适用于直行车流量大或者左转车流量大的道路，因为可以单独分配较长的绿灯时间给流量大的车流。

（4）有大量的研究方案可供参考。

但同时双直模式的缺点也很明显，有如下几方面：

（1）直行和左转车辆都单独占用有限车道，使得本就不宽的道路变得更加拥挤。如果没有需要左转（或者没有需要直行）的车辆到达时，便白白浪费了一条车道资源；而如果需要左转（或者需要直行）的车流量较少时，也是一种低效率地利用一条车道资源的方式。

（2）车辆驾驶员临近道路交叉口时，都必须观察道路交叉口的车道指示牌，以确定即将到达的交叉口的车道分布情况，避免直行车辆进入左转专用道或者左转车辆进入直行专用道。同时，这样又分散了驾驶员的注意力，尤其是在临近交叉口的位置更容易发生车辆刮擦等小事故。

（3）直行车辆通过交叉口后会迅速变道到最左车道，因为那条车道暂时是空闲的（也是一种资源的浪费）；接着到达下一交叉口时，直行车辆又会从最左车道变道到直行车道。这种反复的变道，增加了车辆发生碰撞的概率，同时根据 Wiedemann 的心理-生理类驾驶行为模型，它会影响后续车辆的行驶速率，间接地降低了交通运输的效率。

（4）如果直行车辆误入左转专用道（或者左转车辆误入直行专用道）后，为了保持直行（或者左转）状态，车辆驾驶员就会有意识地"加塞"到直行（或者左转）车道。这种情况不仅影响车流速率，而且容易发生交通事故。

单直模式的交叉口相位配置方式，正好克服了双直模式以上的这些缺点，同时具备以下几个优点：

（1）单直模式不仅节省了一个左转信号灯装置，而且为理论分析者规避了左转的车流，从而只需要专心研究直行的车流，简化了道路交通控制问题。

（2）在单直模式中，左转车辆须提前进入最左车道，直行车辆可在任意车道，因此车辆驾驶员不必分散注意力去观察道路交叉口的车道指示牌，避免了因驾驶员注意力分散而导致刮擦等小事故的发生。

（3）由于没有了左转和直行专用道，直行车辆不会误入左转专用道，避免了车辆"加塞"现象的发生；而对于左转车辆是强制性地要求进入最左车道，驾驶员也会形成习惯，从而避免车辆"加塞"现象的发生。

（4）由于单直模式明确了交叉口引道上车道的分配，车道指示牌的设置就显得多余，因此可以节省大量的车道指示牌装置；同时更有效率地利用了左转车道，为直行车辆增加了一条车道，提高了道路利用率，也提高了直行的通行量。

相比于双直模式，单直模式是一种相对经济有效的交叉口相位配置方式。单直模式不仅提高了道路利用率，简化了道路交通控制问题，而且节省了大量的左转信号灯装置和大量的车道指示牌装置，这是一笔巨额的人力、物力以及财力成本的节约；同时，它还降低了车辆变道的需求，从而降低了交通小事故的发生概率，也降低了因交通小事故导致交通拥堵的概率。

对于双直模式的优点，单直模式也可以继承并发挥这些特点：

（1）一个进口引道上的直行与左转车流合并，对于交叉口来说，只是允许该进口引道上的所有车辆通行，不管这些车辆是要直行还是转向，其交通控制效果与直行车流无异，因此可将这合并后的车流视为直行车流。为了与真正的直行车流区分，笔者称这种合并后的车流为直左车流。

这样简化后，4个进口引道上的车流均可视为直左车流，从而建立起来的交通流模型也更加易于分析，下一章中讲述的主干道双向绿波带模型正是基于单直模式的这一特点而建立的。

另外，前人所研究的理想的、不考虑左转向车流、只考虑直行车流的交通流模型及其研究方法，均可适当调整后移植到单直模式的交叉口。这说明单直模式的兼容性非常好，而且更容易建立理想化的交通优化控制模型。

（2）在单直模式下，虽然一个方向上的左转车辆与对向的直行车辆在空间上有冲突点存在，但是当左转车辆通行时，对向的直行车辆或已通过交叉口，或还在停车线后等待绿灯放行。换句话说，在单直模式下，左转车辆与对向的直行车辆在时间上是分离的，同样可以避免车流交汇导致的冲突。

（3）由于单直模式下直行车辆可在任意车道，所以单直模式天然地适用于直行车流量大的道路。而左转车辆须提前进入最左车道，且会有直行车辆占用该车道，因此单直模式天然地并不适合左转车流量大的道路。

但是，改进后的单直模式同样可以适用于左转车流量大的道路。为了满足左转的需求，道路中单独分配一条车道用于车辆左转，即所谓的左转专用道，但依然省去左转信号灯，交叉口信号灯相位配置依然使用单直模式。这样改进后，左转车辆可在最左车道和次左车道行驶，增加了该条道路上左转车流的通行量。而直行车辆除了不允许在最左车道（即左转专用道）行驶外，依然可以在其余的任意车道行驶。

这样的改进虽然从理论上杜绝了同一进口引道上直行车辆与左转车辆的碰撞冲突，但是车辆的驾驶员通常有一种惯性的驾驶行为，即习惯于常规单直模式后进入改进的单直模式，会习惯性地按常规单直模式的方式行驶，这样就会导致直行车辆误入左转专用道，从而与次左车道的左转车辆发生碰撞。一种解决方案是慎用改进版的单直模式，避免在大面积分布的常规单直模式中插入少量分散的改进版单直模式；另外一种解决方案是通过路面标识或车道指示牌，提前知会驾驶员前方有左转专用道，注意提前变换车道。而且路面标识或车道指示牌应尽量靠近该路段的起始位置（比如上一交叉口的结束位置），而不是设置在下一交叉口附近，避免驾驶员来不及变换车道。

（4）虽然双直模式有大量的研究方案可供参考，但这些研究方案都未能真正地解决道路交通拥堵问题；与之相反的是，单直模式虽然少有学者研究，但本书讲述的绿波带模型可解决大部分的道路交通拥堵问题。

2.2 特殊交叉口信号灯配置

本节主要讨论两条双向道路交汇所形成的平面交叉口。

平面交叉口是指道路在同一个平面上相交形成的交叉口。通常有十字型、T型、Y型、X型和环型等形式。除了十字型交叉口外，其他形式的交叉口统称为特殊交叉口。

2.2.1 T型交叉口

从形态上看，T型交叉口比十字型交叉口少了一个进口引道，因此少了一个方向车流的通行需求。从交叉口相位分配的角度上看，T型交叉口只需要3个交叉口相位，其相对应的双直模式和单直模式的相位分配如图2-2所示。

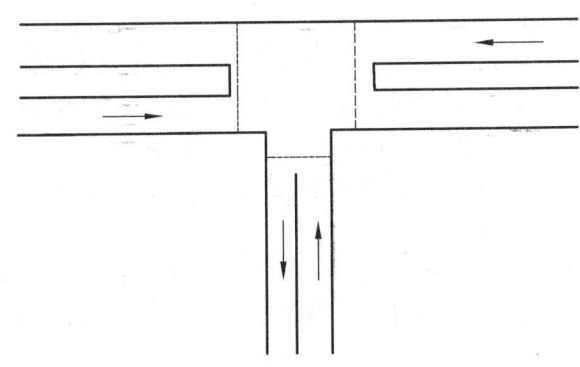

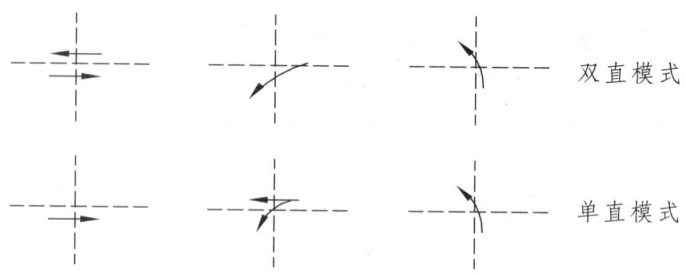

图 2-2　T 型交叉口示意图及其相位分配

对于 T 型交叉口，采用双直模式或单直模式的交叉口相位配置，所表现出来的优缺点与十字型交叉口类似，在此不再赘述，但笔者推荐使用单直模式的交叉口相位配置。

这里重点介绍一种特殊交通状况下的处理方式：

我们知道，道路交叉口是人为规划的交通冲突点[6]，因此交通管理者应尽量避免使用交叉口来调控交通流，通过其他方式或许能更好地解决存在的道路交通问题。

当 T 型交叉口的整体车流量较少，或者横向道路左转车流量较少，又或者纵向道路左转车流量较少时，应取消该交叉口的设置，改由以下方式解决。

交叉口的取消，主要影响的是横向道路的左转车流和纵向道路的左转车流。因此解决方案主要围绕这两个车流进行。

如图 2-3 所示，T 型交叉口处使用护栏隔离车辆的通行。对于纵向道路上需要左转的车辆，先右转进入横向道路，接着在车辆掉头专用通道处掉头，最终实现左转的目的；对于横向道路上需要左转的车辆，先通过交叉口，然后在车辆掉头专用通道处掉头，接着右转进入纵向道路，最终实现左转的目的。

需要注意的是，两处的车辆掉头专用通道不能偏离 T 型交叉口太远，也不能过于靠近 T 型交叉口。如果车辆掉头专用通道偏离太远，车辆驾驶员就必须行驶更远的双倍路程来实现左转，这将引起驾驶员的不满情绪。如果车辆掉头专用通道过于靠近交叉口，则不利于车辆变道和转向。

为了在转向时不影响正常行驶的车辆，建议在转向处拓宽道路，增设一定长度的导流匝道，如图 2-3 所示。

第 2 章
单交叉口信号灯控制

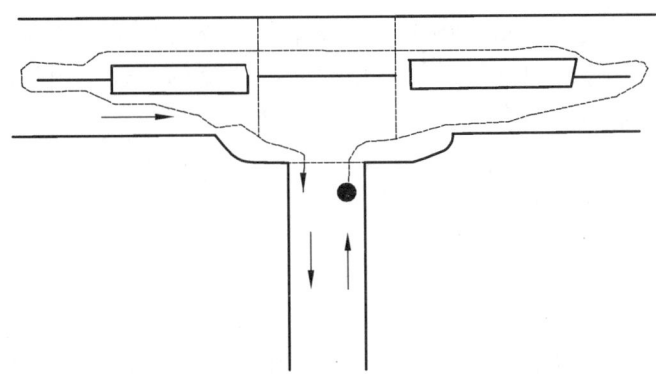

图 2-3 T 型交叉口新型交通规划方案

这样处理后，车辆在该 T 型交叉口无须停车等待，相当于在该 T 型交叉口实现了绿波通行。

如果需要与十字型交叉口进行协调控制，那么 T 型交叉口信号灯周期应与十字型交叉口的保持一致，多出来的一个相位的时间可根据当前交叉口的车流量再分配给其余 3 个相位，同时，相位次序也要做相应的协调处理。

2.2.2 环型交叉口

环型交叉口，一般设置于交通流量较少的路口。所有车辆进入环型交叉口后，沿着中间环型岛绕行至所需行驶的路段，再驶离环型岛。由于交通流量少，环型交叉口一般不设置交通信号灯。

但是，随着社会经济的发展，通过该环型交叉口的车流量可能激增，此时就需要在环型交叉口增设交通信号灯，协调各个方向的车辆有序地通行，避免车辆间的冲突发生。

由于双向左转车辆同时通过环型岛时，会有冲突点产生，因此双直模式不适用于环型交叉口。

于是，环型交叉口只能采用单直模式的相位分配方式，而且由于车流在环型交叉口都是逆时针行驶，因此交叉口相位次序也应顺时针切换，即环型交叉口的车辆应以顺时针方式，顺序地被允许通行。这样刚被放行的车辆进入环型岛时，不会与上一相位被放行的已经进入环型岛的车辆有交集，从而避免车辆间冲突的发生。

与 T 型交叉口类似，如果需要与十字型交叉口进行协调控制，那么 T 型交叉口信号灯周期应与十字型交叉口的保持一致，相位次序也要做相应的协调处理。

由于 Y 型交叉口与 T 型交叉口类似，而 X 型交叉口与十字型交叉口类似，在此就不再讨论这两种特殊交叉口类型了。

2.3 本章小结

本章首先介绍了单一十字型交叉口中信号灯的两种不同配置方式，即单直模式和双直模式，并详细分析了这两种交叉口相位配置模式各自的优缺点，在两者之间的类比中，单直模式更具有实际应用的优势；接着介绍了单一特殊交叉口中信号灯的配置方案，以及在特殊交通状况下的新型解决方案。

第 3 章
主干道双向绿波带模型

3.1 主干道双向绿波带模型的建立
3.2 主干道双向绿波带模型的VISSIM仿真
3.3 主干道双向绿波带模型的指标评价
3.4 主干道双向绿波带模型总结
3.5 本章小结

第 3 章 主干道双向绿波带模型

前一章简要介绍了单一交叉口信号灯配置的注意事项,并没有讲述单一交叉口信号灯参数的优化,主要是因为单一交叉口的优化对于整个交通网络的优化效果并不明显。从本章开始,笔者将逐步介绍主干道上多个交叉口的协调控制方案和道路交通网中多个交叉口的协调控制方案,并对它们的 VISSIM 仿真结果进行评价分析。

3.1 主干道双向绿波带模型的建立

交叉口信号灯有多个参数可以进行配置,为了使问题得到简化,首先只保留一个参数可变,而其余参数全部固定取默认值,这样就可以得到一个基本的理想的交通流模型。随后在这个基本交通流模型的基础上,再改变一个可配置参数,如果该交通流模型无法收敛,说明该配置参数不可改变,只能取固定默认值;如果该交通流模型依然能够收敛,说明该配置参数可变,且参数改变后不影响基本交通流模型。

3.1.1 基本假设

假设一条城市主干道上有 4 个十字型交叉口,且:
① 每个交叉口信号灯的周期相同,绿信比也相同,即绿灯时长相同;
② 每个交叉口信号灯相位配置均采用单直模式;
③ 每个交叉口路段的设计速率(即交通管理者期望的车辆平均速率)相同;
④ 每个进口引道的车流量小于道路的实际最大通行量,保证道路不会拥堵;
⑤ 相邻交叉口间隔的路程相等,且其路程等于道路设计速率与绿灯时长的乘积。

则在这样的主干道上,唯一可以调节的参数是各个交叉口信号灯相位的次序(以下简称相序)。满足以上基本假设的主干道,笔者称之为理想化主干道。

3.1.2 过程分析

首先来分析一下,基本假设给我们提供了哪些信息:

（1）交叉口信号灯的周期和绿信比确定下来，主要是为了简化问题的分析。对于需要重点研究和调控的信号灯，只保留相序一个参数。

（2）采用单直模式，意味着一个进口引道不需要分别考虑直行和左转的车流，而只需要考虑一种直左车流，这样对于交通流模型的分析是有利的。而且"绿波带"主要是要求直行的车流实现绿波通行，而不要求左转的车流也实现绿波通行。

在后续章节中，对于交叉口信号来说，"→"代表允许由西往东车流通行的直左信号，"←"代表允许由东往西车流通行的直左信号，"↑"代表允许由南往北车流通行的直左信号，"↓"代表允许由北往南车流通行的直左信号；

对于交通流来说，"→"代表由西往东的直左车流，"←"代表由东往西的直左车流，"↑"代表由南往北的直左车流，"↓"代表由北往南的直左车流。

（3）由于车辆在实际道路中行驶的影响因素较多，不要求车辆速率恒定不变，这里只要求平均速率能够达到一致，尽量贴近实际交通情况。

（4）车流量小于道路的最大通行量，避免道路拥堵而影响模型的分析。

（5）前面4点假设都比较容易理解，且都能直接应用到实际道路中，这第（5）点假设要求相邻交叉口间隔的路程相等，而且其路程应等于道路设计速率与绿灯时长的乘积，完全不符合实际道路的情况。实际道路的情况是：道路与道路在哪里交汇，在城市道路规划初期就已经确定，而且大多数情况下不允许更改。

关于第（5）点假设应用到实际道路的解决方案，将在下一章节讨论，这里暂时先谈谈第（5）点假设的意义。

与第（1）点假设类似，相邻交叉口间的路程以及设计车速[第（3）点假设]确定后，车辆在该相邻交叉口间路段上的行驶时间也就确定了。另外，当相邻交叉口间的路程等于道路设计速率与绿灯时长的乘积时，车辆在两交叉口间路段上的行驶时间即等于绿灯时长。这一点对于理想化主干道实现双向绿波通行至关重要。

所谓绿波通行，指的是车辆从起点交叉口开始，行驶一段时间到达下一交叉口时，正好遇到绿灯继续通行，如此循环往复。

为了实现由西往东方向行驶的车辆A的单向绿波通行，在起点时刻，第 1 个交叉口信号灯相位为"→",由于行驶时间等于绿灯时长,车辆 A 到达第 2 个交叉口时,全部交叉口信号灯切换相位,此时第 2 个交叉口信号灯相位须为"→"。以此类推,车辆 A 到达第 3 个交叉口时,全部交叉口信号灯再次切换相位,此时第 3 个交叉口信号灯相位须为"→";车辆 A 到达第 4 个交叉口时,全部交叉口信号灯再次切换相位,此时第 4 个交叉口信号灯相位须为"→"。

同时,为了实现由东往西方向行驶的车辆 B 的单向绿波通行,在起点时刻,第 4 个交叉口信号灯相位为"←",由于行驶时间等于绿灯时长,车辆 B 到达第 3 个交叉口时,全部交叉口信号灯切换相位,此时第 3 个交叉口信号灯相位须为"←"。以此类推,车辆 B 到达第 2 个交叉口时,全部交叉口信号灯再次切换相位,此时第 2 个交叉口信号灯相位须为"←";车辆 B 到达第 1 个交叉口时,全部交叉口信号灯再次切换相位,此时第 1 个交叉口信号灯相位须为"←"。

接着要检查一下车辆 A 和 B 双向行驶时,唯一可变的交叉口信号灯相序是否出现冲突。

为了检查交叉口信号灯相序是否冲突,这里采用形象化的时距信号图来分析,如图 3-1 所示。横轴表示道路的路程(长度),单位长度表示相邻交叉口间的路程;纵轴表示时间,单位时间表示一个信号灯的绿灯相位时长;象限区域内的箭头表示对应路程处的交叉口信号灯在对应时间的交叉口相位,为明确长度和时间,常在纵轴上标识数字表示相对起

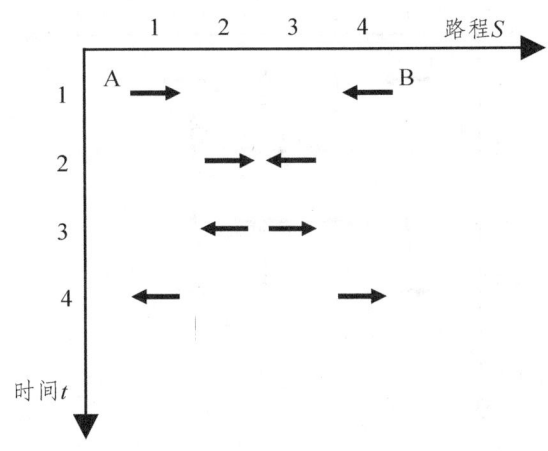

图 3-1 绿波通行的时距信号图

点交叉口的第 m 个交叉口，在横轴上标识数字表示相对起点时刻的第 n 个相位时长。根据交通工程经验，纵轴上相邻的 4 个相位必须是一组完整的交叉口信号灯相位序列。

如图 3-1 所示，将刚刚推导的主干道上 4 个交叉口的信号灯相位依次绘制到时距信号图上。由图可知，4 个交叉口纵轴方向上相邻的 4 个相位并没有出现冲突。因此可以确定，车辆 A 和 B 双向行驶时，各个交叉口的信号灯相序都没有出现冲突。这样就保证了东西方向上的双向车流均能实现绿波通行。

因此，图 3-1 横轴方向所示的 4 个交叉口信号灯相位配置模型就是我们所要求的主干道双向绿波带模型。不过，图 3-1 所示的主干道双向绿波带模型还只是一部分，完整的主干道双向绿波带模型可参考后续章节的讨论。这里先探讨主干道双向绿波带模型的模拟仿真，以及仿真的指标评价。

3.2　主干道双向绿波带模型的 VISSIM 仿真

为了模拟仿真，必须将所有的参数实例化。

对于图 3-1 所示的主干道双向绿波带模型，主要有 4 种实例化方案，分别为"→↓↑←""→↓↓←""→↑↑←"和"→↑↓←"。4 种实例模型都可以实现主干道双向绿波通行，这里选择第 1 种实例模型进行仿真，如图 3-2 所示。

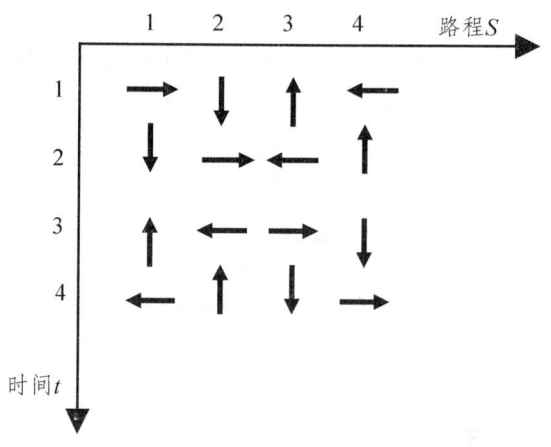

图 3-2　主干道双向绿波带实例

根据主干道双向绿波带模型的基本假设，在 VISSIM 编辑区域绘制出如图 3-3 所示的东西走向的城市主干道及其与其他道路交汇形成的 4 个十字型交叉口，其中主干道为双向 6 车道，北一路为双向 2 车道，北二路为双向 4 车道，北三路为双向 6 车道，北四路为双向 2 车道。

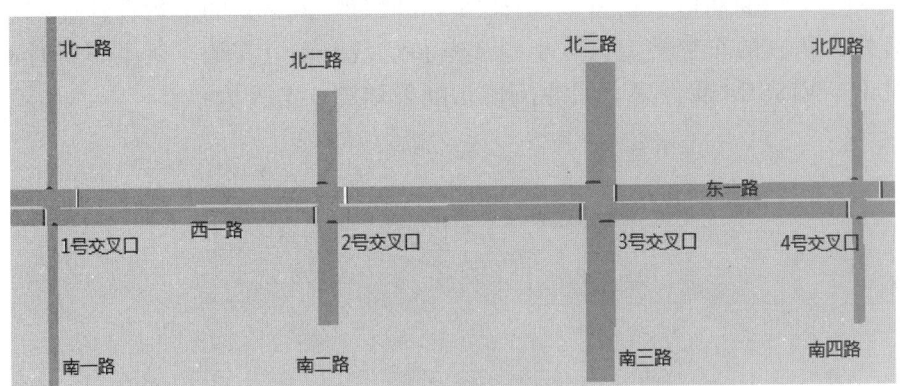

图 3-3　VISSIM 仿真的主干道模型

而且：

（1）所有信号灯的周期均为 80 s，绿灯时长为 20 s，绿信比为 25%。VISSIM 软件中，信号控制机配置如图 3-4 所示。

No.	Name	Red/Amber	Amber	Red End	Green End	Red End 2	Green End 2	Type
1		0	0	0.1	20			Cycle
2		0	0	20	40			Cycle
3		0	0	40	60			Cycle
4		0	0	60	80			Cycle

图 3-4　信号控制机配置

（2）根据图 3-2 所示的主干道双向绿波带模型配置 4 个交叉口的信号灯相位。以 1 号交叉口为例，1 号交叉口信号灯相位依时间顺序为"→"

"↓""↑"和"←",那么由西往东方向上的信号灯采用1号控制机的1号分组,由北往南方向上的信号灯采用1号控制机的2号分组,由南往北方向上的信号灯采用1号控制机的3号分组,由东往西方向上的信号灯采用1号控制机的4号分组。其他交叉口上的信号灯配置以此类推。

(3)车辆期望平均速率选择36 km/h,即10 m/s的平均设计速率。另外,仿真的车辆类型只有小型汽车和重型卡车,其他车辆类型暂时不讨论。VISSIM软件中,交通流信息配置如图3-5所示。

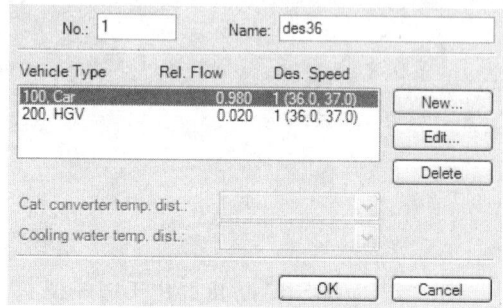

图3-5　交通流信息配置

(4)西进口引道车流量为600 veh/h,东进口引道车流量也为600 veh/h。为简化分析,南北方向车流量均为零。VISSIM软件中,车流量配置如图3-6所示。

	Link Number	Link Name	Input Name	Show Label	0 - 99999
1	1	West_1		✓	600 1:des36
2	4	South_1		✓	0 1:des36
3	2	North_1		✓	0 1:des36
4	5	North_2		✓	0 1:des36
5	6	South_2		✓	0 1:des36
6	3	East_1		✓	600 1:des36
7	9	North_4		✓	0 1:des36
8	10	South_4		✓	0 1:des36

图3-6　车流量配置

（5）相邻交叉口间的间距路程，在仿真软件（或者实际道路）中，表现为相邻交叉口上同一方向的停车线之间的路程。由计算可知，其间距路程为 200 m。由于图形化界面手工操作的缘故，本书中路程的设置会有 2 m 以内的误差，但不影响仿真运行的效果和分析。实际交通工程中路程的偏差可能会更大，建议偏差路程的行驶时间在 1 s 以内，即 1 s 车程以内。

在"车辆驾驶行为"中，选择"城市机动车"模型，由于相邻交叉口间距只有 200 m，所以前视距离最大值由原来的 250 m 改为 100 m，其余参数保持默认值。也就是说，本次仿真的车辆驾驶行为默认：采用 Wiedemann 74 跟车模型；采用自由的变道规则；车辆在车道中央行驶，不用观察相邻车道的交通情况，不允许同车道超车；连续检测交叉口信号灯的相位，判断车辆当前位置是否可以顺利通过交叉口。

除了主干道双向绿波带模型的模拟，我们还需要知道模型运行时指标和结果指标。这里主要通过"行程时间"工具和"排队计数器"工具，来完成第 1 章中提及的延误时间、排队长度、通行量和停车次数等指标的统计。

以由西往东方向整条道路定义行程时间检测区段为例，具体操作步骤如下：

（1）选择行程时间测量模式。

（2）点击鼠标左键选择"西一路"由西往东方向路段。

（3）在 1 号交叉口停车线后，点击鼠标右键设置检测区段的起点，设置成功后显示为红线。

（4）在距离 1 号交叉口停车线 700 m 处，点击鼠标右键设置检测区段的终点，设置成功后显示为绿线，同时打开创建行程时间测量窗口。

（5）设置相关属性（图 3-7）并点击确定。

为了得到想要的输出结果需要配置一些额外的信息。定义了"行程时间"后，依次选择"评价"→"文件"→"行程时间测量"→"配置"，可以配置如图 3-8 所示相关行程时间配置参数。

在 VISSIM 软件中，延误时间是指与理想的行程时间相比（没有其他车辆，无信号控制），在一个或一些路段上计算的所有观测车辆的延误时间的平均值。延误时间的测量由一个或几个行程时间的测量来定义，不论选择的车辆类别，所有这些车辆被行程时间检测器检测到的同时也能被延误时间检测到。

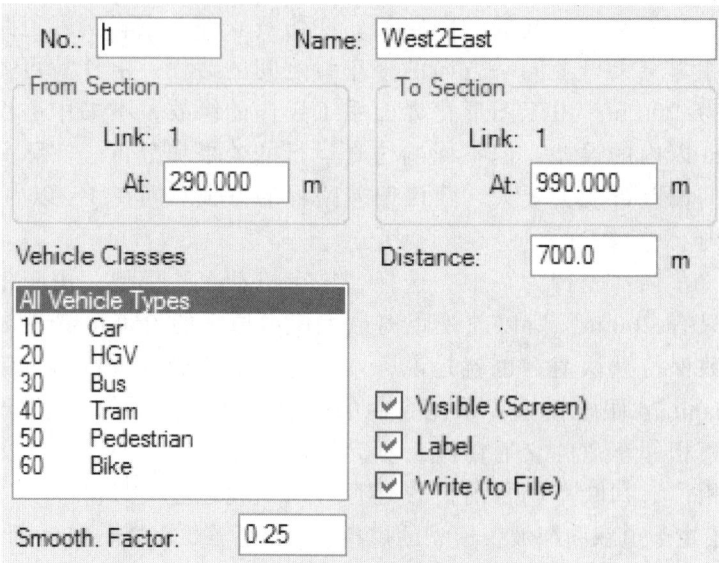

图 3-7 行程时间定义

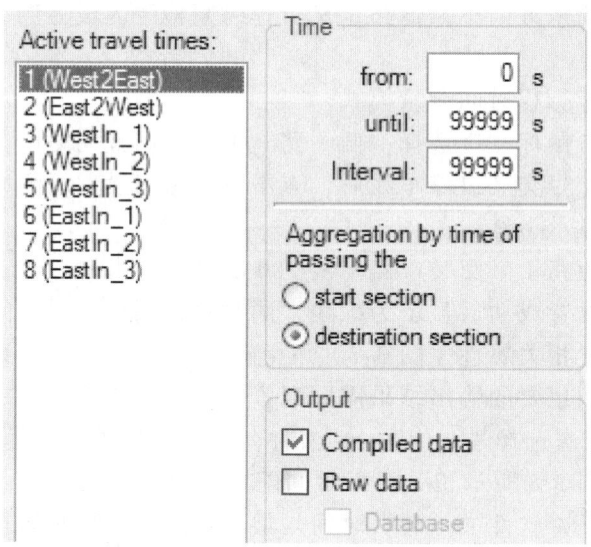

图 3-8 行程时间配置

定义了"行程时间"后,依次选择"评价"→"文件"→"延误时间"→"配置",可以配置如图 3-9 所示相关延误时间配置参数。

第 3 章
主干道双向绿波带模型

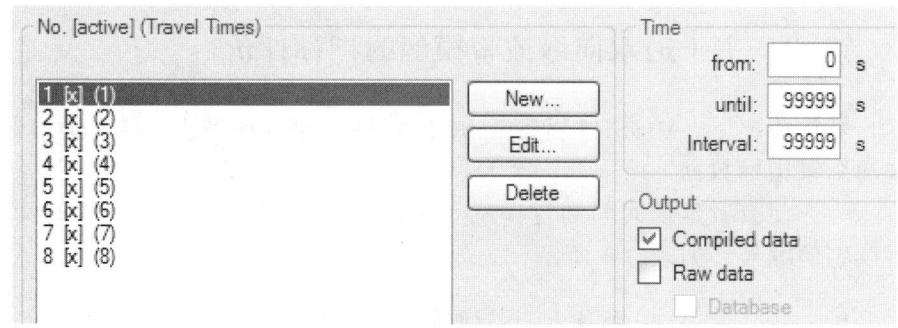

图 3-9　延误时间配置

排队计数器可以设置在路段/连接器上的任何位置，但是最合适的位置是信号控制交叉口的停车线后面。

以 1 号交叉口由西往东方向定义排队计数器为例，具体操作步骤如下：

（1）选择排队计数器模式。

（2）鼠标左键单击选择"西一路"由西往东方向路段。

（3）在 1 号交叉口停车线后右击鼠标，设置排队计数器。排队将从设置位置起往上游方向计算。

（4）在弹出的窗口中输入编号和位置，点击确定。

为了得到期望的输出数据，需要设置一些额外信息。依次选择"评价"→"文件"→"排队长度"→"配置"，打开"排队计数器设置"窗口，配置如图 3-10 所示数据：

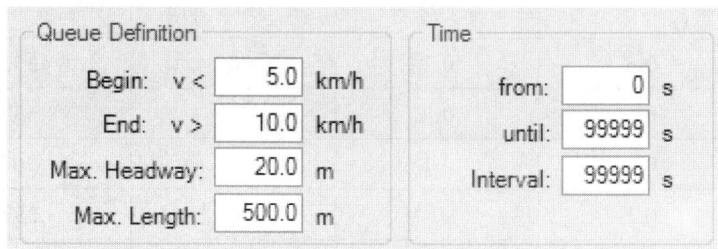

图 3-10　排队长度配置

至此，主干道双向绿波带模型的 VISSIM 软件建模过程结束，接着点击运行，VISSIM 软件便开始模拟仿真。

3.3 主干道双向绿波带模型的指标评价

默认情况下，VISSIM 运行 3600 仿真秒后即自动停止，同时输出仿真的结果指标数据。

为方便查看延误时间和行程时间的表格数据，以下列出"行程时间"所设定的编号，如表 3-1 所示：

表 3-1 行程时间定义的编号

编 号	定 义
No.1（1 号到 4 号交叉口以外）	主干道由西往东 290.0 m 至 990.0 m，行程 700.0 m
No.2（4 号到 1 号交叉口以外）	主干道由东往西 202.0 m 至 902.0 m，行程 700.0 m
No.3（1 号到 2 号交叉口）	主干道由西往东 290.1 m 至 491.9 m，行程 201.8 m
No.4（2 号到 3 号交叉口）	主干道由西往东 492.2 m 至 690.3 m，行程 198.1 m
No.5（3 号到 4 号交叉口）	主干道由西往东 690.2 m 至 890.5 m，行程 200.3 m
No.6（4 号到 3 号交叉口）	主干道由东往西 201.9 m 至 400.9 m，行程 199.1 m
No.7（3 号到 2 号交叉口）	主干道由东往西 401.3 m 至 601.6 m，行程 200.3 m
No.8（2 号到 1 号交叉口）	主干道由东往西 601.3 m 至 802.1 m，行程 200.8 m

关于延误时间，如表 3-2 所示。

表 3-2 主干道双向绿波带模型的延误时间　　　　　单位：s

编号	车辆总延误平均值	每车平均停车时间	每车平均停车次数	通过测量终点车辆数
No.1	0.5	0.1	0	392
No.2	0.6	0.3	0	433
No.3	0.4	0.1	0	504
No.4	0.1	0	0	393
No.5	0.1	0	0	393
No.6	0.5	0.3	0	440
No.7	0.1	0	0	440
No.8	0.1	0	0	434

从表 3-2 中的数据可知，在 1 h 的仿真时间里，一共有 600 辆车通过 1 号交叉口，其中 504 辆车直行通过 2 号交叉口，其余车辆在 1 号交叉口左转汇入北一路。直行的 504 辆车在 2 号交叉口的平均停车延误为 0.1 s，平均停车次数为 0，平均行驶延误为 0.4 s。以此类推可知其他交叉口的平均停车延误时间、平均停车次数和平均行驶延误时间。

值得注意的是，主干道由西往东方向上，同时通过 4 个交叉口的 392 辆车的平均停车延误仅为 0.1 s，平均停车次数为 0，平均行驶延误为 0.5 s，说明主干道上由西往东方向车流实现了不停车等待的绿波通行。同理可知，主干道上由东往西方向车流也实现了不停车等待的绿波通行。

至此，由仿真结果可以证明，上一节所推导的主干道双向绿波带模型是成立的。

下面再来看看主干道双向绿波带模型其他的评价指标。

如表 3-3 所示为主干道双向绿波带模型仿真后的行程时间。从表中数据可知，主干道由西往东方向车流通过 1 号检测段（共 700 m）时，其平均行程时间为 70.4 s，计算可知，车辆平均速率约为 9.9 m/s，折合 35.8 km/h；主干道由东往西方向车流通过 2 号检测段（共 700 m）时，其平均行程时间为 70.4 s，计算可知，车辆平均速率约为 9.9 m/s，折合 35.8 km/h。主干道上双向车流的平均行程时间几乎相同，而且车辆平均行驶速率都能接近设计速率。

表 3-3 主干道双向绿波带模型的行程时间

编号	行程时间/s	车辆数	编号	行程时间/s	车辆数
No.1	70.4	392	No.5	20.1	393
No.2	70.4	433	No.6	20.4	440
No.3	20.5	504	No.7	20.1	440
No.4	19.8	393	No.8	20.1	434

如表 3-4 所示为主干道双向绿波带模型仿真后的排队长度。从表中数据可知，主干道由西往东方向车流沿行驶方向依次在 2 号、3 号和 4 号交叉口的平均排队长度都为 0 m，最大排队长度分别为 7 m、0 m、0 m，由于这些交叉口的输入车流都经过了绿波带模型的调制，因此它们的排队长度

都比较短,甚至不用排队直接通行。而 1 号交叉口输入的车流没有经过绿波带模型的调制,出现了较长的排队长度,平均排队长度为 12 m,最大排队长度为 41 m。同理可知主干道由东往西方向车流的排队长度情况。

表 3-4 主干道双向绿波带模型的排队长度

编号	平均排队长度/m	最大排队长度/m	编号	最大排队长度/m	平均排队长度/m
No.1	12	41	No.5	13	51
No.2	0	7	No.6	0	7
No.3	0	0	No.7	0	0
No.4	0	0	No.8	0	0

对于不一样的参数配置,输出结果会有些不同,例如车辆驾驶行为中的前视距离等参数,前视距离大小的变化会导致仿真结果的不同。但是,仿真结果只会大同小异,总体的结论还是保持不变的。

这里还需重点强调两点:

(1)假如南北方向的 4 条道路的 8 个进口引道车流量均设置为 300 veh/h,由于南北方向的车流可以左转汇入东西方向的车流,又因为该车流未经过绿波带模型的调制,因此该车流势必影响到理想的绿波带模型,导致其延误时间和排队长度均有所增加,如表 3-5 和表 3-6 所示。

表 3-5 添加南北方向车流量后的延误时间

编号	车辆总延误平均值/s	每车平均停车时间/s	每车平均停车次数	通过测量终点车辆数
No.1	2	0.2	0.02	326
No.2	1.9	0.3	0.01	351

表 3-6 添加南北方向车流量后的排队长度

编号	平均排队长度/m	最大排队长度/m	编号	平均排队长度/m	最大排队长度/m
No.1	12	41	No.5	13	51
No.2	11	56	No.6	8	33
No.3	2	21	No.7	1	19
No.4	4	14	No.8	6	32

（2）假如 VISSIM 仿真的期望速率增加至 60 km/h，车辆的行程时间和延误时间分别如表 3-7 和表 3-8 所示。

表 3-7　增加期望速率后的行程时间

编号	行程时间/s	车辆数	编号	行程时间/s	车辆数
No.1	64.8	249	No.5	18.9	257
No.2	64.8	263	No.6	18.1	391
No.3	18.5	502	No.7	19.3	391
No.4	19.2	257	No.8	19.6	341

表 3-8　增加期望速率后的延误时间

编号	车辆总延误平均值/s	每车平均停车时间/s	每车平均停车次数	通过测量终点车辆数
No.1	24.1	0.6	0.91	249
No.2	24.4	0.7	0.96	263
No.3	6.8	0.1	0.22	502
No.4	7.7	0.2	0.32	257
No.5	7.3	0.2	0.3	257
No.6	6.7	0.2	0.23	391
No.7	7.8	0.2	0.3	391
No.8	8.1	0.2	0.33	341

从行程时间表中可以看出，主干道由西往东方向车流通过 1 号检测段（共 700 m）时，其平均行程时间为 64.8 s，计算可知，车辆平均速率约为 10.8 m/s，折合 38.9 km/h。虽然平均行程时间比之前的快了 1.7 s，但是车辆平均速率 38.9 km/h 依然接近于道路的设计速率 36 km/h，而不是仿真期望的速率 60 km/h。这说明主干道双向绿波带模型严格限制了车辆的行驶速率。

同时，从延误时间表中可以看出，主干道由西往东方向车流通过 1 号检测段（共 700 m）时，其平均总延误时间增加至 24.1 s，每车平均停车次数为 0.91 次（可以理解为 91% 的车都至少停车过一次）。从仿真运行时的现象也可以看出，车辆从上一交叉口驶出，逐渐加速至60 km/h，由于过快地到达下一交叉口，车辆只能减速甚至停车等待下一交叉口的绿灯放行。因此每车平均停车次数和总延误时间都有很大程度的提升。

由于主干道双向绿波带模型严格限制了车辆的行驶速率，高于或低于模型设计速率的车辆都将产生停车延误问题。如果模型设计速率与实际道路交通情况不匹配，将直接导致交通拥堵问题的发生，也间接影响了车辆驾驶员的心理情绪反应。对于交通管理者和设计者，应重点考量模型的设计速率，使之与实际道路交通情况相匹配。

3.4 主干道双向绿波带模型总结

3.4.1 纯十字型主干道

纯十字型主干道，指的是主干道上所有的交叉口都是十字型交叉口，上文中所讨论的主干道双向绿波带模型就是基于纯十字型主干道而进行的。

在如图 3-1 所示的主干道双向绿波带模型中，纵轴方向上相邻的 4 个相位必须是一个完整的信号灯序列组合，且可无限循环；横轴方向上的相位在配合纵轴相位以及相向车流须间隔奇数个单位行程（相邻交叉口间的等长行程）的前提下，可以随机分布。

如果将图 3-1 中的交叉口相位分布分别往横轴方向和纵轴方向继续拓展（相当于向右、向下以及右下 45°角平移 4 个单位行程），得到如图 3-11 所示的时距信号图。注意，空白区域只能是"↓"和"↑"的随机组合（满足纵向要求的前提下），因为"→"和"←"在时间上已经被分配。

在如图 3-11 所示的交叉口相位分布中，任意一行的任意位置截取出相邻的 4 个相位分布，并应用于理想化主干道的 4 个交叉口，均能实现该主干道的双向绿波通行。因此，如图 3-12 所示的主干道交叉口相位分布均能实现双向绿波通行。根据图 3-11 可知，主干道模型一和模型二中左图和右图是等价的，其中圆圈代表"↓"或"↑"。

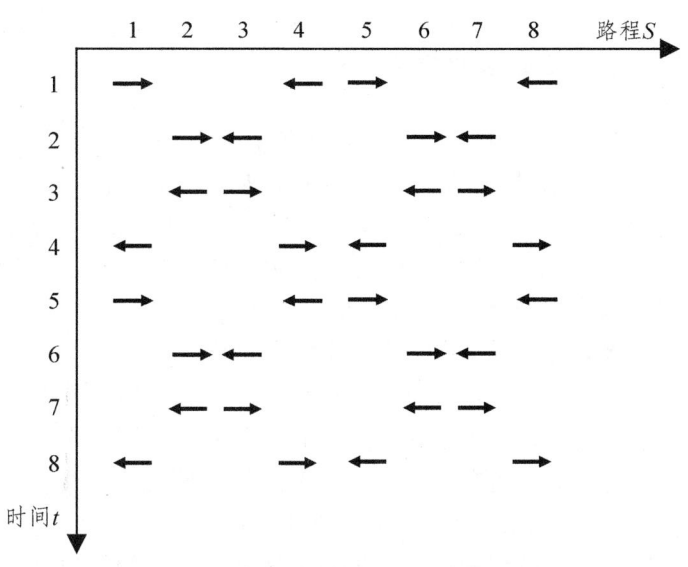

图 3-11 拓展后的主干道双向绿波带模型

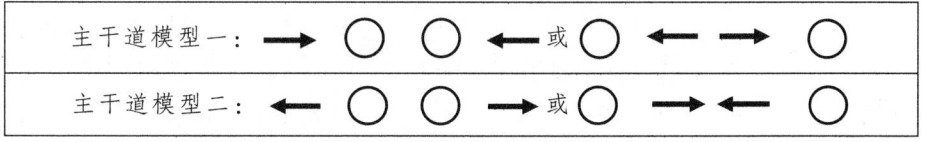

图 3-12 主干道绿波带模型 4 个交叉口起始相位分布

不仅如此,在图 3-11 所示的交叉口信号灯相位分布中,任意一行的任意位置截取出相邻的 n 个相位分布,并应用于理想化主干道的 n 个交叉口,均能实现该主干道的双向绿波通行。

而且,该绿波模型同时可以保证,即使车辆在某个道路交叉口遇到了红灯(由于左转进入该交叉口,或者因车流量过大而出现滞留车辆),那么在下一个绿灯到来后,该车依然可以顺畅地通过主干道上其余的交叉口而不会再遇到红灯。也就是说,进入主干道双向绿波带模型调控范围的车辆,只要其平均行驶速率与道路设计速率相吻合,无论在哪个交叉口,该车都可以实现绿波通行。

理论上,只要确定了交叉口信号灯的信号周期、绿信比、交叉口间路程和车辆设计速率,就可以建立一个主干道双向绿波带模型,保证道路网中的一条主干道实现双向绿波通行。

3.4.2 与 T 型交叉口混合

以上讨论的均是十字型交叉口的相位分布模型，接下来讨论十字型交叉口与 T 型交叉口混合的主干道双向绿波带模型。为简化分析，本节内容主要讨论 3 个十字型交叉口与 1 个 T 型交叉口混合的情况。至于与多个 T 型交叉口混合或者全部都是 T 型交叉口的情况与之类似，在此不再分析，有兴趣的读者可以自行分析。

假设主干道上有 4 个交叉口，其中第 2 个交叉口为 T 型交叉口，其余交叉口为十字型交叉口。在"第 2 章单交叉口信号灯控制"中讨论过 T 型交叉口的相位分配问题，由于 T 型交叉口只是在交叉口相位数量上少了一个相位，其他均与十字型交叉口类似，因此首先假设 T 型交叉口采用与十字型交叉口一样的 4 相位配置，而且信号灯周期和绿信比均与十字型交叉口的相同。这样前面所讨论的主干道双向绿波带模型便可以套用到混合型交叉口的主干道中，从而实现混合型交叉口的主干道车流的双向绿波通行。

T 型交叉口采用 4 相位配置，多余的向下直左相位如果不能合理利用，也是一种资源的浪费。如果在信号灯周期内保持该相位的次序不变，然后将这一相位的时间重新分配给相邻的 2 个相位，这样并不影响相邻 2 个相位的绿波时间，保证了绿波带模型的正常运行，如图 3-13 所示。

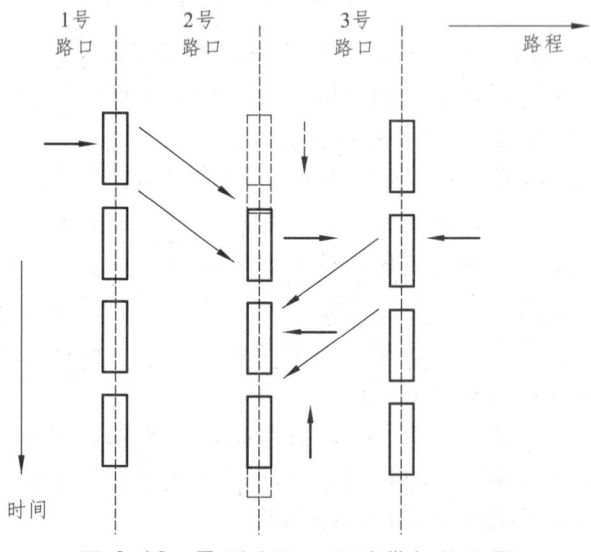

图 3-13 T 型交叉口绿波带相位配置

这样处理后，信号灯的周期保持不变，而绿信比发生了变化，但是绿波带模型却依然能够正常运行。这说明信号灯绿信比合理的改变并不影响绿波带模型。

既然信号灯绿信比可以改变而且不影响主干道双向绿波带模型，那么信号灯的周期改变后是否会影响主干道双向绿波带模型呢？为简化分析，这里假设信号灯绿信比保持不变。

在信号灯绿信比改变的分析中，我们主要是为了保证原来分配给各个相位的时间段保持不变。那么信号灯周期改变后，原来分配给各个相位的时间段是否还能保持不变呢？以图 3-14 为例，在第 1 个信号灯周期内保证了由西往东方向车辆的绿波通行，但在第 2 个周期，1 号交叉口和 2 号交叉口绿灯信号的位置偏离了预定位置，使得由西往东方向车辆不能无阻地通过 2 号交叉口，如此往复将导致相邻交叉口绿灯信号的位置变得不可预测，难以保证该方向车辆长期地绿波通行。

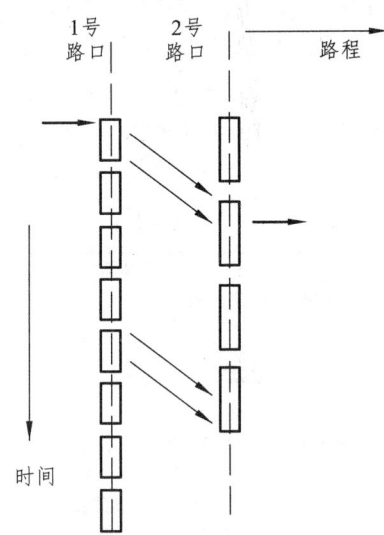

图 3-14　绿信比不变而周期改变后的主干道

通过以上的反例可以说明，信号灯的周期改变后会影响主干道双向绿波带模型。换个角度说，在主干道双向绿波带模型中，各个交叉口信号灯的周期需要保持一致，以此来保证相邻交叉口绿灯信号固定偏移的稳定性。

退一步说，或许有一种算法可以实现周期改变的同时，还能保证原来分配给各个相位的时间段保持不变，但即使如此，该算法也增加了主干道双向绿波带模型的复杂性，导致其可操作性和实用性变差。

3.4.3 与双直模式混合

在理想化主干道上，由于纯双直模式无法保证"双向车流绿波通行"的同时，又满足"纵轴方向上相邻的 4 个相位必须是一个完整的信号灯序列组合"，所以理想化主干道上交叉口全部采用双直模式的信号灯相位分配方式，并不适合建立绿波带模型。

但是，双直模式与单直模式混合后，同样适合建立主干道双向绿波带模型。

假设一条主干道上的第 2 个交叉口信号灯相位分配方式采用双直模式，其余交叉口信号灯相位分配方式优先采用单直模式。

为了配合双直模式中双向车流同时直行的需求，采用单直模式的 1 号和 3 号交叉口的起始相位必须分别为"→"和"←"，同时，采用单直模式的 1 号和 3 号交叉口的第 3 个相位必须分别为"←"和"→"，如图 3-15 所示。

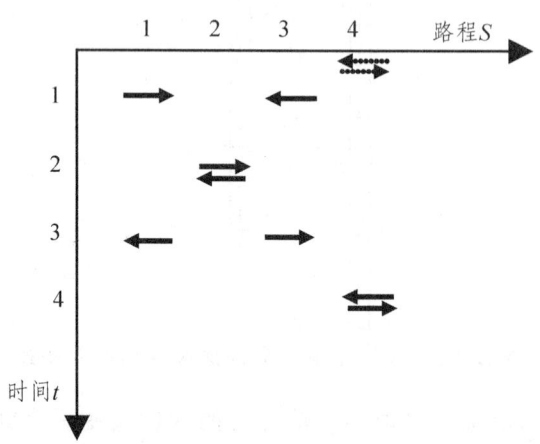

图 3-15　双直模式与单直模式混合后的主干道双向绿波带模型

此时，第 4 个交叉口的 4 个相位都还无法确定。已知第 3 个交叉口的第 3 个相位为"→"，那么第 4 个交叉口的第 4 个相位必须要有向右直行信号；同时已知第 3 个交叉口的第 1 个相位（即起始相位）为"←"，那么第 4 个交叉口的第 0 个相位必须要有向左直行信号。根据"纵轴方向上相邻的 4 个相位必须是一个完整的信号灯序列组合"，可以推导出，第 4 个交叉口的第 4 个相位和第 0 个相位为同一个相位，且必须同时具备向右和向左的直行信号，因此，第 4 个交叉口的第 4 个相位只能是双向直行信号，即采用双直模式。

至此，双直模式与单直模式混合后的主干道双向绿波带模型推导完毕，拓展后的主干道双向绿波带模型如图 3-16 所示。目前，笔者也仅能推导出这样的一种混合模式主干道双向绿波带模型：单直模式间隔偶数个单位行程，或者理解为单直模式与双直模式交替出现。

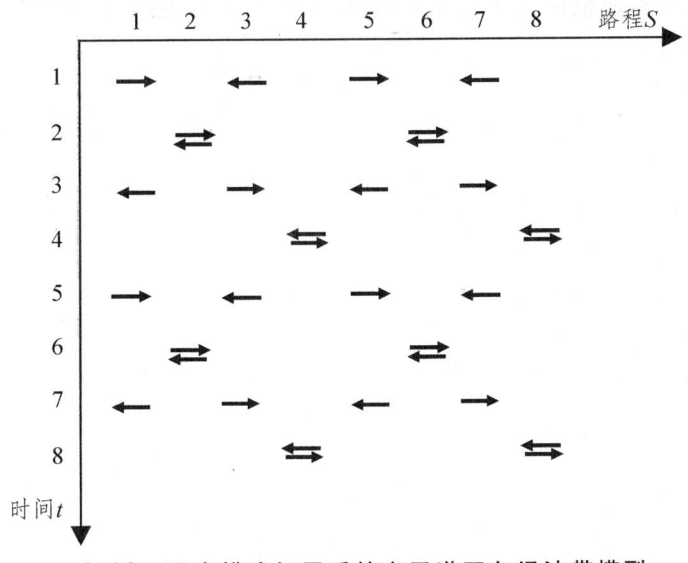

图 3-16　混合模式拓展后的主干道双向绿波带模型

混合模式主干道双向绿波带模型的出现，有效地解决了部分道路交叉口必须采用双直模式而又要实现绿波带的难题。

3.5　本章小结

本章主要是针对理想化主干道提出了全新的理想化的双向绿波带模型。

为建立理想化主干道双向绿波带模型，本章首先提出了双向绿波带模型的 5 点基本假设，并根据这 5 点基本假设分析推导出能够让理想化主干道实现双向绿波通行的一种模型方案，即主干道双向绿波带模型；其次详细介绍了 VISSIM 仿真软件的操作步骤以及相关配置参数，根据主干道双向绿波带模型的基本假设，在仿真软件中建立起仿真模型并得到所需的评价指标；再次利用这些评价指标验证了主干道双向绿波带模型的合理性；最后对主干道双向绿波带模型进行了归纳总结，包括纯十字型主干道双向绿波带模型的一般规律的总结、十字型交叉口与 T 型交叉口混合的双向绿波带模型的规律总结，以及单直模式与双直模式混合的双向绿波带模型的规律总结。

有规律的理想化主干道双向绿波带模型，将更适合应用于实际的复杂道路状况。

第 4 章

主干道双向绿波带应用实例

4.1　城际交通应用实例
4.2　城市交通应用实例
4.3　子区域划分
4.4　数学分析
4.5　本章小结

现实中的主干道并不像绿波带模型中的理想化主干道那么齐整，而是有些路段较长，有些路段较短，因此，上一章节讨论的主干道双向绿波带模型不能直接生搬硬套地应用到实际的主干道中。本章从另一个角度分解不规整的实际主干道，使其满足理想化主干道的条件，接着再套用理想化主干道的双向绿波带模型，从而让实际的主干道实现双向绿波通行。

4.1 城际交通应用实例

本节内容主要讨论实际主干道上交叉口间距与理想化主干道交叉口间距成整数倍关系的情况。

上一章讨论的理想化主干道双向绿波带模型，是完全从 5 条基本假设出发，经过严密分析推导而得出的结论。那么实际主干道要想实现双向绿波通行，必须首先满足这 5 条基本假设。这里再列出这 5 条基本假设：

（1）每个交叉口信号灯的周期相同，绿信比也相同，即绿灯时长也相同。

（2）每个交叉口信号灯相位配置均采用单直模式。

（3）每个交叉口路段的设计速率（即交通管理者期望的车辆平均速率）相同。

（4）每个进口引道的车流量小于道路的实际最大通行量，保证道路不会拥堵。

（5）相邻交叉口间隔的路程相等，且其路程等于道路设计速率与绿灯时长的乘积。

在建立主干道双向绿波带模型时，我们分析过绿波带模型的 5 点基本假设，其中前 4 点假设都能直接应用到实际道路中，而第 5 点假设要求相邻交叉口间隔的路程相等，而且其路程应等于道路设计速率与绿灯时长的乘积，这完全不符合实际道路的情况。

于是，我们的重点便是解决第 5 点假设与实际道路情况的冲突，从而让实际道路情况也能满足第 5 点假设，继而实现实际主干道双向绿波通行的目的。

实际上，第 5 点假设与实际道路情况并没有冲突，它们通过不同的标准建立起来，是两套不同的参照系，并通过道路设计速率和信号灯的绿灯时长联系在一起。这里以理想化主干道双向绿波带模型为标准参照系，将实际主干道转化为理想化主干道模型。

为简化分析，这里只讨论只有 2 个交叉口的实际主干道。假设实际主干道的相邻交叉口间距是理想化主干道交叉口间距的 3 倍。那么将实际主干道路段等分成 3 个路段，每个路段间距等于理想化主干道交叉口的间距，并由此形成 4 个虚拟交叉口，其中头尾 2 个交叉口为实际主干道的交叉口。

经以上步骤处理后，实际主干道已转化为理想化主干道模型，此时可直接套用理想化主干道双向绿波带模型的交叉口相位配置，即可实现实际主干道车流的双向绿波通行。

与此同时，我们得到实际主干道上 2 个交叉口的相位配置。在实际交通工程项目中，应用这样的相位配置，并配合已知的信号灯周期和绿信比，以及道路设计速率，便可以实现实际主干道 2 个交叉口的双向绿波通行。

从另一个角度看，以上的操作步骤可简单分为 2 步：

（1）根据实际交通要求，建立理想化主干道双向绿波带模型。

（2）以理想化主干道双向绿波带模型为背景图层，将实际道路图层覆盖上去，则实际交叉口采用与之重叠的理想化交叉口的相位配置。

这样便顺利地将实际主干道转化成理想化主干道模型，同时实现了实际主干道双向绿波通行的目的。

为了验证这样的处理方式是否有效，我们对以上操作进行 VISSIM 仿真。以"3.3 主干道双向绿波带模型的 VISSIM 仿真"中的仿真例子为蓝本，移除中间的 2 个交叉口配置，得到如图 4-1 所示的 VISSIM 仿真道路。这里移除的 2 个交叉口，可以理解为，车流在这 2 个交叉口默认实现了双向绿波通行。

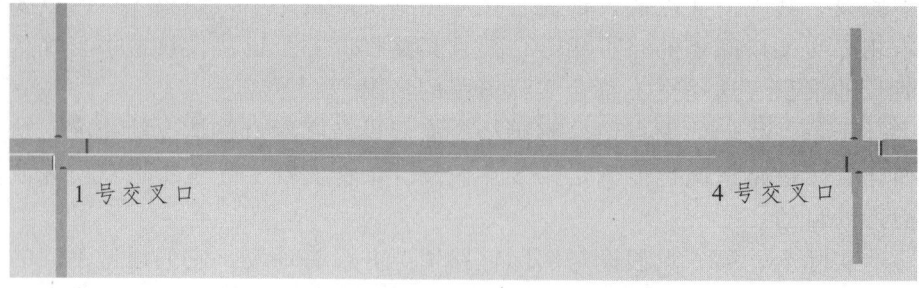

图 4-1　城际交通应用实例道路

其他相关配置采用与蓝本一致的配置，即 VISSIM 软件中的配置，如下：

（1）所有信号灯的周期均为 80 s，绿灯时长为 20 s，绿信比为 25%。

（2）根据图 3-2 所示的主干道双向绿波带模型配置 2 个交叉口的信号灯相位。

（3）车辆期望平均速率选择 36 km/h。

（4）西进口引道车流量为 600 veh/h，东进口引道车流量也为 600 veh/h。南北方向车流量均为零。

（5）相邻交叉口间的路程为 600 m。

（6）在"车辆驾驶行为"中，选择"城市机动车"模型，前视距离依然为 100 m，其余参数保持默认值。

以下是仿真结果（表 4-1）：

表 4-1 行程时间定义的编号

编号	定义
No.1（1号到4号交叉口以外）	主干道由西往东 290.0 m 至 990.0 m，行程 700.0 m
No.2（4号到1号交叉口以外）	主干道由东往西 202.0 m 至 902.0 m，行程 700.0 m

如表 4-1 所示给出了行程时间所设定的编号，方便后续查看仿真数据。城际交通应用实例的延误时间见表 4-2。

表 4-2 城际交通应用实例的延误时间

编号	车辆总延误平均值/s	每车平均停车时间/s	每车平均停车次数	通过测量终点车辆数
No.1	0.4	0	0	469
No.2	0.4	0.1	0	435

从表 4-2 延误时间的仿真结果指标中可以看出，主干道上由西往东方向的车流平均停车次数为 0，平均行驶延误时间为 0.4 s，实现了由西往东方向车流的绿波通行。同理可知，由东往西方向车流也实现了绿波通行。

这里讨论的是实际主干道上交叉口间距与理想化主干道交叉口间

距成整数倍关系的情况，主要适用于城际交通主干道上间距较长的两个或多个交叉口。这是因为城际交通主干道上的交叉口间距较长，且较为稀疏，容易建立合适的理想化主干道双向绿波带模型，使得实际主干道上的交叉口间距与理想化主干道交叉口间距成整数倍关系。

4.2 城市交通应用实例

本节内容主要讨论实际主干道上交叉口间距与理想化主干道交叉口间距不成整数倍关系的情况。

这里讨论的实际主干道上交叉口间距与理想化主干道交叉口间距不成整数倍关系的情况，主要适用于城市交通主干道。城市道路错综复杂，密集程度高，这样导致城市主干道上交叉口众多，而且交叉口之间的路段长短不一，与理想化主干道交叉口的理想化间距难以成整数倍关系。

但是，当实际主干道上交叉口间距与理想化主干道交叉口间距不成整数倍关系时，同样可以使用上一节中讨论的方法：

首先根据实际交通要求，建立理想化主干道双向绿波带模型。这一步比较关键，所建立的理想化主干道双向绿波带模型，将直接影响下一步实际主干道的转化难易程度。如果理想化主干道双向绿波带模型较为合理，那么实际主干道上大部分的交叉口与理想化主干道上的交叉口将会重叠或者较为靠近，有利于理想化主干道双向绿波带模型的移植；而如果理想化主干道双向绿波带模型不合理，那么实际主干道上大部分的交叉口与理想化主干道上的交叉口将会间隔较远，不利于理想化主干道双向绿波带模型的移植，甚至达到无法移植的程度。

接着将实际主干道转化成理想化主干道模型，其中与理想化交叉口相重叠或相靠近的实际交叉口，采用相重叠或相靠近的理想化交叉口的相位配置；与理想化交叉口间隔较远的实际交叉口，则需要调整相关的相位配置参数，以达到或接近绿波通行的效果。

实际交叉口与理想化交叉口相重叠或相靠近的情况，在上一节中已有讨论，在此不再赘述。图 4-2 给出了偏移路程与延误时间的关系，数据来源于 VISSIM 仿真，其中东西两侧输入车流量均为 1 200 veh/h，南北方向无车流输入，而 4 个交叉口的信号灯配置保持不变。图中的延误时间表示东西两侧车流通过 4 个交叉口 700 m 行程检测路段所产生的平均行驶延误时间。

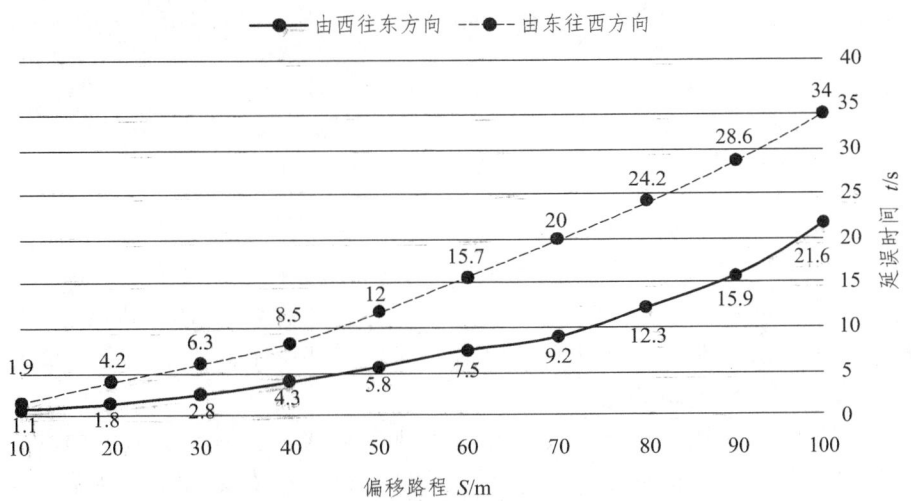

图 4-2　偏移路程与延误时间

从图 4-2 中可以看出：偏移量越小，车流通过检测路段的延误时间越短，行程时间也越短；而偏移量越大，车流通过检测路段的延误时间越长，行程时间也越长。在实际交通工程中，应尽量让偏移量保持较小值，使得整体的延误时间维持在较低水平，不至于影响实际主干道车流的绿波通行。

当实际交叉口与理想化交叉口间隔较远时，其情况比较复杂：不同的间隔路程需要调整不一样的相位配置参数。而这里只讨论一种情形，即间隔路程达到最大值时，相位配置参数应如何去调整。其他情形可依此类推。

假设理想化主干道交叉口间距为 200 m 时，实际交叉口与理想化交叉口间隔的路程最大值为 100 m。这里同样以"3.3 主干道双向绿波带模型的 VISSIM 仿真"中的仿真例子为蓝本，将南北方向的第二条道路整体向左平移 100 m，即 1 号交叉口与 2 号交叉口间隔 100 m，2 号交叉口与 3 号交叉口间隔 300 m，3 号交叉口与 4 号交叉口间隔 200 m。VISSIM 中其余配置参数保持不变，得到如图 4-3 所示的 VISSIM 仿真道路。

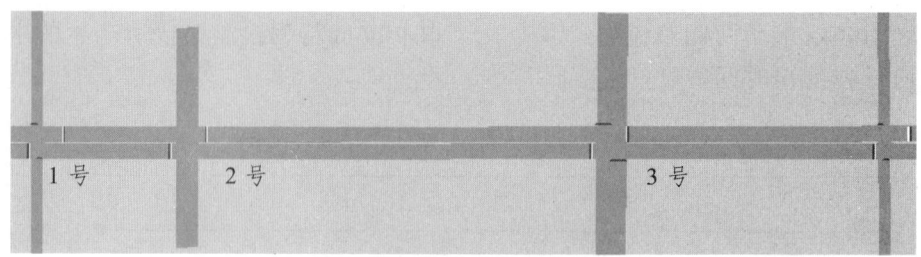

图 4-3　偏移 100 m 后的主干道

在这样的仿真道路中，1号、2号、3号和4号交叉口依然采用理想化主干道双向绿波带模型中的相位配置，只是对于2号交叉口来说，向右直行车辆将提前 10 s 到达，同时向左直行车辆将延后 10 s 到达，如果2号交叉口继续沿用理想化交叉口信号灯绿灯时长配置，车流将在2号交叉口发生排队拥堵现象。

为了避免车辆提前到达交叉口导致排队拥堵，2号交叉口的向右直左信号必须提前；同样地，为了避免车辆延迟到达交叉口而在规定时间内未能通过所导致的排队拥堵，2号交叉口的向左直左信号需要延后。这里提供两种不同的解决思路，供实际交通工程人员参考：

（1）保持向左和向右直左信号的绿灯时长不变，调整南北方向直左信号的绿灯相序。在 VISSIM 中，向右直左信号绿灯时长整体提前 10 s，而向左直左信号绿灯时长整体延后 10 s。向左和向右信号相位本来是相邻的，这样处理后，它们之间空余出了 20 s 的绿灯时长，正好等于一个周期绿灯时长，那么这个空余的绿灯时长可分配给南北方向的车流，补偿南北方向缺失的绿灯时长。信号控制机具体配置如图 4-4 所示。对于2号交叉口，这里将第1组绿灯分配给向下车流，第2组绿灯分配给向右车流，第3组绿灯分配给向上车流，第4组绿灯分配给向左车流。

No.	Name	Red/Amber	Amber	Red End	Green End	Red End 2	Green End 2	Type
1		0	0	70	10			Cycle
2		0	0	10	30			Cycle
3		0	0	30	50			Cycle
4		0	0	50	70			Cycle

图 4-4　偏移 100 m 后的信号控制机配置一

表 4-3 是 VISSIM 仿真的延误时间。从表中可以看出：由西往东方向车流通过 4 个交叉口的平均停车次数为 0，平均行驶延误为 0.5 s；而由东往西方向车流通过 4 个交叉口的平均停车次数也为 0，平均行驶延误为 0.6 s。尤其是在 2 号交叉口作过调整的 3 号检测段和 7 号检测段，它们的平均停车次数均为 0，平均行驶延误在 0.4 s 以下。可以说，这样调整的最终效果是相当不错的，双向车流都实现了绿波通行。

表 4-3　偏移 100 m 并优化后的延误时间一

编号	车辆总延误平均值/s	每车平均停车时间/s	每车平均停车次数	通过测量终点车辆数
No.1	0.5	0.1	0	393
No.2	0.6	0.3	0	429
No.3	0.4	0.1	0	505
No.4	0.1	0	0	394
No.5	0	0	0	394
No.6	0.5	0.3	0	440
No.7	0.1	0	0	440
No.8	0	0	0	440

这样的话，主干道中一个交叉口偏离理想化交叉口 100 m 时，通过调整该交叉口的相位配置，同样实现了实际主干道的绿波通行。

理论上，这种方法适用于实际交叉口与理想化交叉口间隔路程较大时的情形，因为这样空余出来的绿灯时长较长，易于再分配。需要注意的是，空余的时间必须大于最小周期的绿灯时长，即大于 15 s。同时还要保证南北方向的绿灯时长也要大于 15 s。

（2）保证南北方向交叉口信号灯的相序不变的前提下，小幅度调整东西方向绿灯时长的偏移，同时小幅度延长东西方向直左信号的绿灯时长。例如，在 VISSIM 中，向右直左信号绿灯时长整体提前 5 s，向左直左信号绿灯时长整体不偏移，中间多出的 5 s 用于延长向右直左信号绿灯时长，而向左直左信号绿灯时长也延长 5 s。请注意，这里延长的时间都是从南北方向的绿灯时长中获取，即缩短了南北方向车流的绿灯时长，这样保证交叉口信号灯周期保持不变，同时保证南北方向交叉口信号灯的相序不变。信号控制机具体配置如图 4-5 所示，对于 2 号交叉口，这里将第 1 组绿灯分配给向下车流，第 2 组绿灯分配给向右车流，第 3 组绿灯分配给向左车流，第 4 组绿灯分配给向上车流，即保持了 2 号交叉口原有的相序不变。

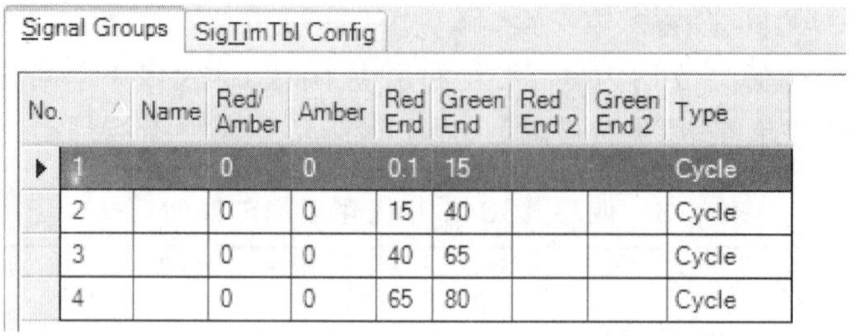

Signal Groups	SigTimTbl Config

No.	Name	Red/Amber	Amber	Red End	Green End	Red End 2	Green End 2	Type
1		0	0	0.1	15			Cycle
2		0	0	15	40			Cycle
3		0	0	40	65			Cycle
4		0	0	65	80			Cycle

图 4-5 偏移 100 m 后的信号控制机配置二

表 4-4 是 VISSIM 仿真的延误时间，从表中可以看出，由西往东方向车流通过 4 个交叉口的平均停车次数为 0.16 次，平均行驶延误为 4.8 s；而由东往西方向车流通过 4 个交叉口的平均停车次数为 0.14 次，平均行驶延误为 5 s。其中在 2 号交叉口作过调整的 3 号检测段和 7 号检测段，它们的平均停车次数分别为 0.16 次和 0.06 次，平均行驶延误在 4 s 以下。可以说，这样优化的最终效果还是有一定作用，毕竟按照理论计算，不优化的平均行驶延误时间在 10 s 左右，优化效率在 50% 以上。

表 4-4 偏移 100 m 并优化后的延误时间二

编号	车辆总延误平均值/s	每车平均停车时间/s	每车平均停车次数	通过测量终点车辆数
No.1	4.8	0.3	0.16	343
No.2	5	3.8	0.14	411
No.3	4	0	0.16	504
No.4	0.4	0.2	0	343
No.5	0.2	0.2	0	343
No.6	0.5	0.3	0	440
No.7	3.3	3	0.06	440
No.8	0.9	0.3	0.06	440

这样的话，主干道中一个交叉口偏离理想化交叉口 100 m 时，通过调整该交叉口的相位配置，基本上实现了实际主干道的绿波通行。

理论上，这种方法适用于实际交叉口与理想化交叉口间隔路程较小时的情形。

4.3 子区域划分

上面分别讨论了实际主干道上交叉口间距与理想化主干道交叉口间距成整数倍关系和不成整数倍关系的两种情况，显然，交叉口间距成整数倍关系的实际主干道比不成整数倍关系的主干道更容易实现双向绿波通行，而且主干道上这种不成整数倍关系的交叉口越少，就越不需要调整交叉口的信号灯配置参数，理想化主干道双向绿波带模型也就越容易应用到实际的主干道中。

在现实中，对于交叉口较多的城市交通主干道，所有交叉口间隔的路程不可能总是成整数倍关系或者非常相近，单一的理想化主干道双向绿波带模型所采用的信号灯配置，可能会在某些交叉口导致较大的车辆延误，降低了主干道的整体交通效益，从而使得理想化主干道双向绿波带模型失去存在的意义。

因此，有必要根据实际主干道交叉口间距的比例关系进行子区域的划分[4]，并基于划分的子区域各自建立不同的理想化双向绿波带优化模型，使得优化模型能够更好地适配于实际复杂的道路交通状况，从而有效地改善主干道上多个交叉口的交通信号协调控制，实现实际交通中复杂主干道双向车流的绿波通行。

例如，实际主干道交叉口间距依次为 200 m、600 m、400 m、300 m、600 m 和 900 m，那么可以将这条主干道的前面 4 个交叉口划分为一个子区域，采用 200 m 交叉口间距的主干道双向绿波带模型；而后面 4 个交叉口划分为另一个子区域，采用 300 m 交叉口间距的主干道双向绿波带模型。

4.4 数学分析

下面用数学语言分析主干道双向绿波带模型的配置参数。

4.4.1 单车道通行量分析

如图 4-6 所示，理想化主干道上有 4 个交叉口，主干道的左侧与右侧各有一个车流输入，在一个信号灯周期内，左侧车流通过1号交叉口（主干道双向绿波带模型的边界交叉口）的单车道车队长度为：

$$l_0 = v_0 \cdot t_0 \quad (4-1)$$

式中　l_0——车流通过边界交叉口的单车道车队长度；
　　　v_0——车流通过边界交叉口时的平均速率；
　　　t_0——边界交叉口单向通行相位的绿灯时长。

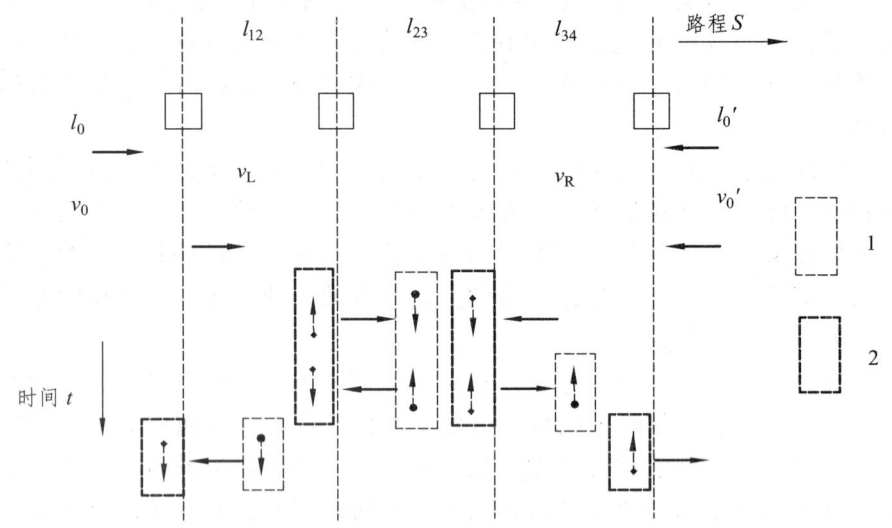

图4-6　主干道双向绿波带模型的数学分析

l_0可以用来表征边界交叉口单一方向的通行能力：l_0值越大，说明一个信号灯周期内，边界交叉口单一方向的单车道通行量越大；反之，则说明边界交叉口单一方向的单车道通行量越小。交叉口的单车道车队长度与单车道通行量成正比例关系，即

$$C_{p0} = \frac{l_0}{m} \quad (4-2)$$

式中　C_{p0}——边界交叉口单一方向的单车道通行量；
　　　m——纵向相邻车辆的间距。

在不考虑左转和右转等其他形式车流的情况下，边界交叉口单一方向的单车道通行量，也代表了整个主干道该单一方向的单车道通行量。

而影响边界交叉口单一方向单车道通行量的是车流通过边界交叉口时的平均速率 v_0 和边界交叉口单向通行相位的绿灯时长 t_0。通过边界交叉口的平均速率 v_0 越大，则主干道的单车道通行量越大；边界交叉口单向通行相位的绿灯时长 t_0 越长，则主干道的单车道通行量也越大。

需要注意的是：当信号灯的绿灯时长 t_0 一定，车流通过边界交叉口时的平均速率 v_0 等于主干道平均设计速率 v_D 时，主干道的单车道通行量达到最大值。

正常来说，平均速率 v_0 越大，主干道的单车道通行量应该越大才是。但是，主干道双向绿波带模型严格限制了车辆的行驶速度，当通过边界交叉口时的平均速率 v_0 大于主干道平均设计速率 v_D 时，由于边界交叉口的绿灯时长与主干道内部交叉口的绿灯时长相同，那么通过边界交叉口的车流长度必定大于通过主干道内部交叉口的车流长度。换句话说，输入主干道的单车道车流量大于绿波带模型的实际最大通行量，这样的话，绿波带模型内部必定会出现拥堵，而拥堵之后的主干道的实际通行量又将大大降低。最终的结果是：通过边界交叉口时的平均速率 v_0 大于主干道平均设计速率 v_D 时，主干道的单车道通行量反而降低。当边界速率 v_0 超过主干道平均设计速率 v_D 后，边界速率 v_0 越大，主干道的单车道通行量越低。边界速率与主干道的单车道通行量的关系，可以用图 4-7 表示。

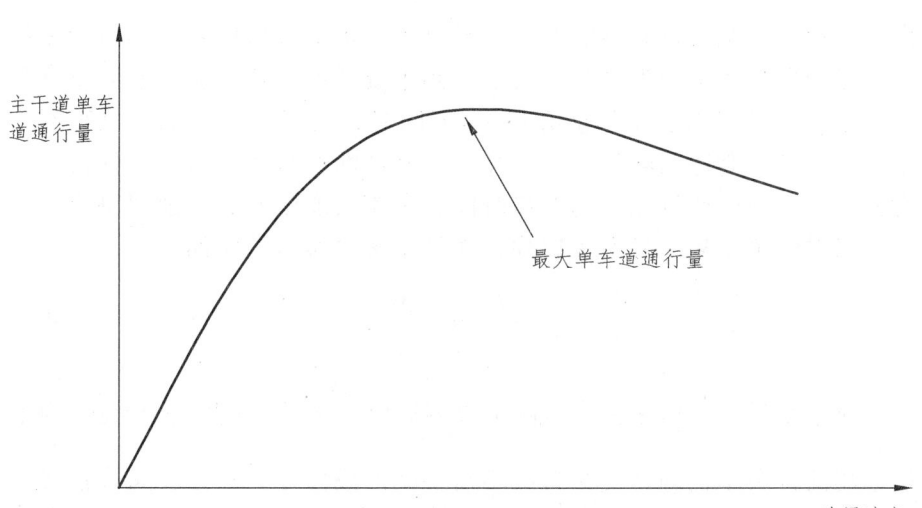

图 4-7　边界速率与主干道单车道通行量的关系

从这里也可以看出，主干道双向绿波带模型不仅严格限制了车辆的行驶速度，也严格限制了主干道的最大通行量。

同理，式（4-1）和式（4-2）可适用于右侧车流通过 4 号交叉口的情形。

4.4.2 交叉口的偏移分析

根据主干道双向绿波带模型的基本假设，绿波带模型内相邻交叉口的间距应相等，但是，在实际主干道中，实际交叉口与理想化交叉口并不会完全重合，或多或少地会发生一定的偏移。

假设理想化主干道中 2 号交叉口向右偏移了 Δl，而平均设计速率 v_D 不变，则 1 号和 2 号交叉口间距 $l'_{12} = l_{12} + \Delta l$，2 号和 3 号交叉口间距 $l'_{23} = l'_{32} = l_{32} - \Delta l$，那么左侧车流从 1 号交叉口到达 2 号交叉口所需的时间为：

$$t'_{12} = \frac{l'_{12}}{v_D} = \frac{l_{12} + \Delta l}{v_D} = t_{12} + \frac{\Delta l}{v_D} \tag{4-3}$$

对于 2 号交叉口来说，左侧车流将延迟 $\frac{\Delta l}{v_D}$ 时长到达。为了使车流的排头车辆到达交叉口时不需要减速或停车，该交叉口信号灯的通行相位应延迟开启或者不延迟开启（由于左侧车流延迟到达，对于左侧车流来说，不延误开启即表示提前开启）；但同时，为了使车流的末尾车辆到达交叉口时不会遇到红灯，该交叉口信号灯的通行相位时长应保持不变或相应延长（由通行相位的开启时间、车流长度以及车流速率决定）。

而右侧车流从 3 号交叉口到达 2 号交叉口所需的时间为：

$$t'_{32} = \frac{l'_{32}}{v_D} = \frac{l_{32} - \Delta l}{v_D} = t_{32} - \frac{\Delta l}{v_D} \tag{4-4}$$

对于 2 号交叉口来说，右侧车流将提前 $\frac{\Delta l}{v_D}$ 时长到达。同样地，为了使车流的排头车辆到达交叉口时不需要减速或停车，3 号交叉口信号灯的通行相位应提前开启（对于右侧车流来说，开启时间保持不变即表示延迟开启）；但同时，为了使车流的末尾车辆到达交叉口时不会遇到红灯，该交叉口信号灯的通行相位时长应保持不变或相应延长（由通行相位的开启时间、车流长度以及车流速率决定）。

这些时长变化反映到主干道双向绿波带模型的时距信号图中，即如图 4-6 中虚线框 1 所示。从图中可以看出，在 2 号交叉口，需要调整的两个相位是相邻相位，而且两者都需要往中间调整，由于信号灯周期（时间长度）是固定的，那么它们便不可能同时调整到最佳状态，往往受限于相邻相位的调整，从而使得交通系统整体的运行效率有所降低。在模拟仿真中，则表现为车辆延误的各项指标（包括行驶延误时间、排队长度和停车次数等）都有所增加。

4.4.3 设计速率的变化分析

假设理想化主干道中各个交叉口均不偏移，而左侧车流与右侧车流的平均设计速率 v_D 不相等，比如左侧车流的平均设计速率 $v_L = v_D + \Delta v$，右侧车流的平均设计速率 $v_R = v_D - \Delta v$，实际表现为左侧车流的平均速率快于右侧的车流。那么左侧车流从 1 号交叉口到达 2 号交叉口的时间为

$$t''_{12} = \frac{l_{12}}{v_L} = \frac{l_{12}}{v_D + \Delta v} < \frac{l_{12}}{v_D} = t_{12} \tag{4-5}$$

即左侧车流将提前 $\Delta t_{12} = \left| t_{12} - \frac{l_{12}}{v_D + \Delta v} \right|$ 时长到达 2 号交叉口。

同时右侧车流从 3 号交叉口到达 2 号交叉口的时间为

$$t''_{32} = \frac{l_{32}}{v_R} = \frac{l_{32}}{v_D - \Delta v} > \frac{l_{32}}{v_D} = t_{32} \tag{4-6}$$

即右侧车流将延迟 $\Delta t_{32} = \left| t_{32} - \frac{l_{32}}{v_D - \Delta v} \right|$ 时长到达 2 号交叉口。这些时长变化反映到主干道双向绿波带模型的时距信号图中，即如图 4-6 中虚线框 2 所示。同样地，需要调整的两个相位是相邻相位，而且两者都需要往外侧调整，由于信号灯周期（时间长度）是固定的，那么它们便不可能同时调整到最佳状态，往往受限于相邻相位的调整，从而使得交通

系统整体的运行效率有所降低。在模拟仿真中，则表现为车辆延误的各项指标（包括行驶延误时间、排队长度和停车次数等）都有所增加。

4.4.4 偏移与速率同步变化分析

假设理想化主干道中 2 号交叉口向右偏移了 Δl，而左侧车流平均设计速率变为 $v_D + \Delta v$，右侧车流平均设计速率变为 $v_D - \Delta v$，那么左侧车流从 1 号交叉口到达 2 号交叉口所需的时间为

$$t_{12}''' = \frac{l_{12} + \Delta l}{v_D + \Delta v} \tag{4-7}$$

若 $t_{12}''' = t_{12}$，即

$$\frac{l_{12} + \Delta l}{v_D + \Delta v} = \frac{l_{12}}{v_D} \tag{4-8}$$

那么 2 号交叉口就不需要改变信号灯的相位配置，同样可以让左侧车流实现绿波通行。

同理，当 $t_{32}''' = t_{32}$ 时，即

$$\frac{l_{32} - \Delta l}{v_D - \Delta v} = \frac{l_{32}}{v_D} \tag{4-9}$$

2 号交叉口也不需要改变信号灯的相位配置，同样可以让右侧车流在 2 号交叉口实现绿波通行。

因此，当满足式（4-8）和式（4-9）时，偏移的 2 号交叉口不需要改变信号灯的相位配置，同样可以实现双向车流的绿波通行。

在实际交通中，这种同步变化表现为，实际交叉口偏离理想化交叉口已成定局，同时交通规划管理人员出于某种原因，并未对偏移的交叉口作出适当的相位优化，那么车辆驾驶员只能不断地调整车速，以便驾驶的车辆能够绿波通过各个交叉口。

4.4.5 绿灯时长分析

假设主干道双向绿波带模型的通行量达到最大值，根据 4.4.1 节的分析，此时平均边界速率应等于绿波带模型内的平均设计速率，即

$v_0 = v_D$,那么输入的车流长度 $l_0 = v_D \cdot t_0$,整个车流完全通过交叉口停车线所需的时间为:

$$t_0 = \frac{l_0}{v_D} \tag{4-10}$$

为了使车流末尾的车辆能够绿波通过下一交叉口,那么下一交叉口的绿灯时长应不小于上一交叉口的绿灯时长,对于左侧车流,由西往东方向上各个交叉口的绿灯时长须满足:

$$t_0 \leqslant t_1 \leqslant t_2 \leqslant t_3 \leqslant t_4 \tag{4-11}$$

其中,t_m 表示从左到右第 m 个交叉口向右通行相位的绿灯时长。

对于右侧车流,由东往西方向上各个交叉口的绿灯时长须满足

$$t'_0 \leqslant t'_4 \leqslant t'_3 \leqslant t'_2 \leqslant t'_1 \tag{4-12}$$

其中,t'_m——从左到右第 m 个交叉口向左通行相位的绿灯时长。

当车流排头车辆以设计速率到达交叉口时正好遇到绿灯开启,那么下一交叉口的绿灯时长等于上一交叉口的绿灯时长时,车流末尾车辆刚好能够完全通过下一交叉口。式(4-11)可简化为:

$$t_0 = t_1 = t_2 = t_3 = t_4 \tag{4-13}$$

同理,式(4-12)可简化为:

$$t'_0 = t'_4 = t'_3 = t'_2 = t'_1 \tag{4-14}$$

已知各个交叉口的周期相同,由式(4-13)和式(4-14)可知,各个交叉口同一方向的绿信比也相同。

另外,已知相邻交叉口间隔的路程相等(第 5 点假设前部),即 $l_{12} = l_{23} = l_{34} = l_D$,那么车流通过两个交叉口间路段所需的时间为:

$$t_D = \frac{l_D}{v_D} = \frac{l_{12}}{v_D} \tag{4-15}$$

当 $t_D < t_0$ 时,即 $l_D < l_0$ 时,对于左侧车流,排头车辆将在1号交叉口绿灯未关闭的情况下,就已经到达2号交叉口,此时2号交叉口的向右通行绿灯应提前($t_0 - t_D$)时长开启,以便排头车辆能够不停车地通过2号交叉口;对于 m 号交叉口,其向右通行绿灯相对于 n 号交叉口提前开启的时长为:

$$\Delta t = (m-n) \cdot (t_0 - t_D) = p \cdot (t_0 - t_D) \quad (4\text{-}16)$$

其中　m——从左到右顺序排列的编号为 m 的交叉口；

　　　n——从左到右顺序排列的编号为 n 的交叉口；

　　　p——编号 m 和编号 n 交叉口之间间隔的单位行程的个数。

对于右侧车流，也需要提前 $\Delta t = p \cdot (t_0 - t_D)$ 时长开启，以便排头车辆能够绿波通行。

在同一交叉口，左侧车流与右侧车流提前开启相应绿灯的时间差 Δt 却不相同，例如在理想化主干道中，2 号交叉口向右通行绿灯提前开启时间差为 $t_0 - t_D$，而向左通行绿灯提前开启时间差为 $2 \cdot (t_0 - t_D)$。

然而在主干道双向绿波带模型中，向左通行绿灯相位和向右通行相位是相邻相位，同时为了车流末尾的车辆能够绿波通行，根据式（4-11）可知，各个交叉口的绿灯时长必须至少维持不变或者有所增加。

这样的话，左右车流不可能同时达到绿波通行，因为优化一个方向的车流使其绿波通行时，必定会占用对向车流的绿灯时长，导致对向车流通行的绿灯时长与式（4-16）冲突，所以 $t_D < t_0$ 时绿波带模型不成立。

同理可知，$t_D > t_0$ 时绿波带模型也不成立。

只有当

$$t_D = t_0 \quad (4\text{-}17)$$

时，同一交叉口的相邻相位都不需要调整，左右车流也都能够实现绿波通行。

由式（4-13）和式（4-17）可知，由西往东方向上的各个交叉口的绿灯时长应等于相邻交叉口间路程的行驶时间（第 5 点假设后部），且其绿灯时长相等，绿信比也相等（第 1 点假设）。

同理可知，由东往西方向上的各个交叉口的绿灯时长应等于相邻交叉口间路程的行驶时间，且其绿灯时长相等，绿信比也相等。

综上所述可知，主干道绿波带模型中各个交叉口的信号灯的周期应相同，绿信比也应相同，即绿灯时长相同，且绿灯时长等于车流通过相邻交叉口间路段的行驶时间，同时下一交叉口的绿灯时长应不小于上一交叉口的绿灯时长。

4.4.6 分析综述

通过以上的分析可知：

（1）由 3.4.2 节可知，信号灯周期必须保持一致，而相应的绿灯时长可以进行适当的调整。

（2）由式（4-3）和式（4-4）可知，相邻交叉口的间距可以不同，但同时需要调整信号灯的绿灯时长。

（3）由式（4-5）和式（4-6）可知，左右两侧输入车流的平均设计速率可以不同，但同时需要调整信号灯的绿灯时长。

（4）由式（4-8）和式（4-9）可知，相邻交叉口的间距和平均设计速率均不同于理想化主干道双向绿波带模型时，有可能不需要调整绿波带模型信号灯的配置。

虽然以上这些基本假设里的配置参数都可以更改，但更改后都要对其他配置参数进行相应的调整，而调整的依据依然是理想化的绿波带模型。

（5）主干道双向绿波带模型的基本假设，简洁而有规律，同时主干道双向绿波带模型在实际应用中具有较高的参考价值。

因此，下文依旧以理想化主干道双向绿波带模型作为后续研究的基础。

4.5 本章小结

本章主要介绍理想化主干道双向绿波带模型的各种实际应用实例及其理论分析。

本章从一个不一样的角度分解了不规整的实际主干道，使其满足理想化主干道的条件（即满足理想化主干道的 5 点基本假设），然后再应用理想化主干道的双向绿波带模型，从而让实际不规整的主干道也实现了双向绿波通行。

本章首先分别讨论了实际主干道上交叉口间距与理想化主干道交叉口间距成整数倍关系和不成整数倍关系的两种情况，并通过 VISSIM 仿真软件，模拟仿真实际的主干道运行状况；其次介绍了子区域划分的优化方案，使得主干道双向绿波带模型能够更好地适配于实际复杂的道路交通状况；最后从数学的角度分析了主干道双向绿波带模型配置参数的变更所带来的影响。

第 5 章

道路网绿波带模型

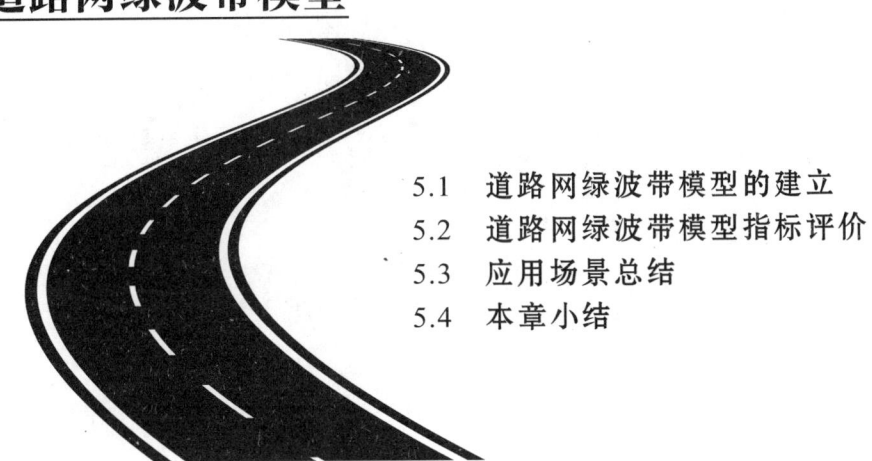

5.1 道路网绿波带模型的建立
5.2 道路网绿波带模型指标评价
5.3 应用场景总结
5.4 本章小结

第 5 章 道路网绿波带模型

前面几章介绍了理想化主干道双向绿波带模型及其实际应用,实现了实际交通主干道的双向绿波通行;接下来将介绍理想化道路交通网络的绿波带模型的建立及其仿真指标评价,最后给出实际应用的一些建议。

5.1 道路网绿波带模型的建立

道路网由横向和纵向的多条道路(主干道)组成,若要实现整个道路网的绿波通行,必须让每条道路(主干道)都实现绿波通行,并且各条道路之间不能有冲突。这里将根据已知的主干道双向绿波带模型,推导出道路网绿波带模型。

5.1.1 基本假设

道路网绿波带模型的基本假设,继承自主干道双向绿波带模型的基本假设。

假设一个子区域道路网由 4 条横向主干道和 4 条纵向主干道交汇形成,并生成 4×4 个十字型交叉口,且:

(1)每个交叉口信号灯的周期相同,绿信比也相同,即绿灯时长相同。

(2)每个交叉口信号灯相位配置均采用单直模式。

(3)每个交叉口路段的设计速率(即交通管理者期望的车辆平均速率)相同。

(4)每个进口引道的车流量小于道路的实际最大通行量,保证道路不会拥堵。

(5)相邻交叉口间隔的路程相等,且其路程等于道路设计速率与绿灯时长的乘积。

满足以上基本假设的道路网,称为理想化道路网。

5.1.2 过程分析

虽然我们已经实现了单条主干道的双向绿波通行,但是道路网的绿波带模型并不是主干道双向绿波带模型的简单叠加。

为了后续推导的方便,这里先给出主干道双向绿波带模型的两种不同布局的时距信号图,如图 5-1 和图 5-2 所示。从图中任意一行的任意

位置截取出相邻的 n 个相位分布,并应用于理想化主干道的 n 个交叉口,均能实现该主干道的双向绿波通行。

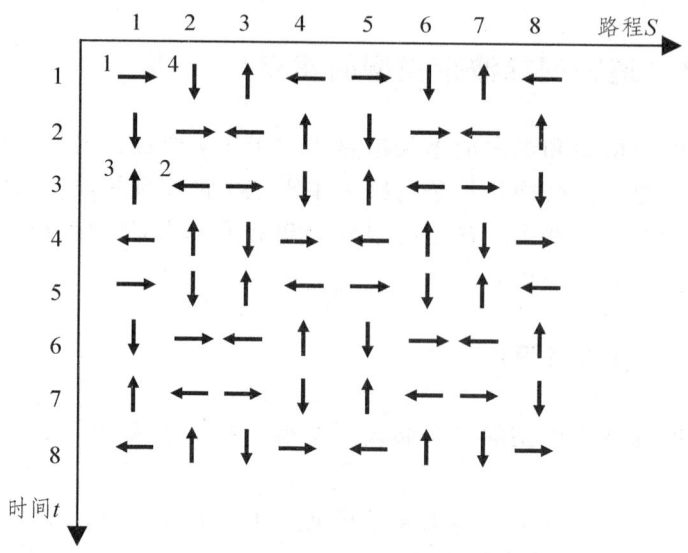

图 5-1 主干道双向绿波带实例模型一

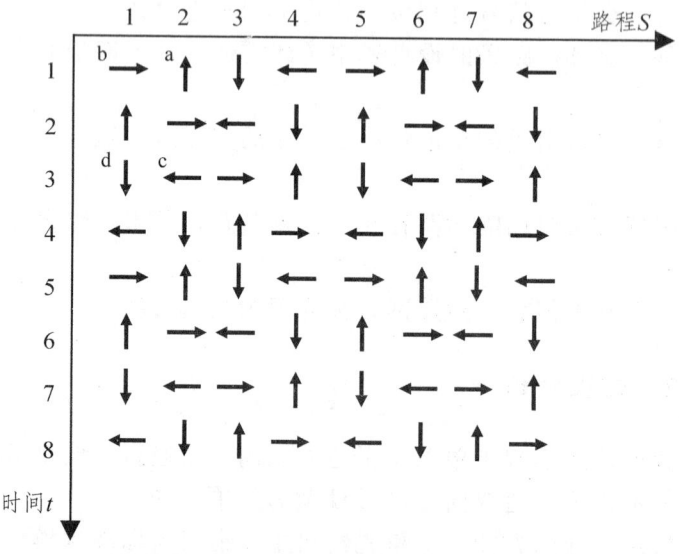

图 5-2 主干道双向绿波带实例模型二

第 5 章
道路网绿波带模型

步骤一：确定道路网中各个交叉口的相位。

首先将图 5-1 中第 1 行 a 列开始的 4 个横向相位应用于理想化道路网第一行的 4 个交叉口，根据主干道双向绿波带模型，道路网中横向第一条主干道已经实现了双向绿波通行，如图 5-3 所示。在图 5-3 中，横向坐标和纵向坐标都表示路程，单位长度代表相邻交叉口间隔的等长路程。

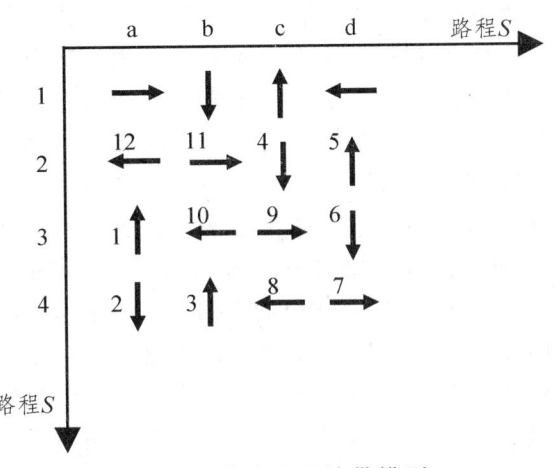

图 5-3　道路网绿波带模型

由于 1 行 a 列交叉口的第 3 个相位是 "↑"，为了配合这个相位，3 行 a 列交叉口此时的相位须为 "↑"，那么此时正在通过 3 行 a 列交叉口的车辆，将在行驶至 1 行 a 列交叉口时正好遇到绿灯继续通行。同理可知，4 行 a 列交叉口的起始相位为 "↓"，4 行 b 列交叉口的起始相位为 "↑"，2 行 c 列交叉口的起始相位为 "↓"，2 行 d 列交叉口的起始相位为 "↑"，3 行 d 列交叉口的起始相位为 "↓"。

现在已知 d 列 3 个交叉口的相位配置，根据主干道双向绿波带模型可知，4 行 d 列交叉口的起始相位为 "→"。同理可知，4 行 c 列交叉口的起始相位为 "←"，3 行 c 列交叉口的起始相位为 "→"，3 行 b 列交叉口的起始相位为 "←"，2 行 b 列交叉口的起始相位为 "→"，2 行 a 列交叉口的起始相位为 "←"。

至此，道路网中 16 个交叉口的起始相位都已确定，如图 5-3 所示，图中象限区域内的数字表示所在交叉口相位被推导出来的顺序。

69

步骤二：所有交叉口的起始相位确定后，依次检查各条主干道是否均已实现绿波通行。

首先检查横向的4条主干道：对于横向第一条主干道，其4个交叉口的相位分布对应图5-1中编号1的4个横向相位分布，说明横向第一条主干道可以实现双向绿波通行；对于横向第二条主干道，其4个交叉口的相位分布对应图5-1中编号2的4个横向相位分布，说明横向第二条主干道可以实现双向绿波通行；对于横向第三条主干道，其4个交叉口的相位分布对应图5-1中编号3的4个横向相位分布，说明横向第三条主干道可以实现双向绿波通行；对于横向第四条主干道，其4个交叉口的相位分布对应图5-1中编号4的4个横向相位分布，说明横向第四条主干道可以实现双向绿波通行。

接着检查纵向的4条主干道，为了便于验证，将图5-3逆时针旋转90°，使得南北方向的信号转化成我们熟悉的东西方向的信号：对于纵向a主干道，其4个交叉口的相位分布对应图5-2中编号a的4个横向相位分布，说明纵向a主干道可以实现双向绿波通行；对于纵向b主干道，其4个交叉口的相位分布对应图5-2中编号b的4个横向相位分布，说明纵向b主干道可以实现双向绿波通行；对于纵向c主干道，其4个交叉口的相位分布对应图5-2中编号c的4个横向相位分布，说明纵向c主干道可以实现双向绿波通行；对于纵向d主干道，其4个交叉口的相位分布对应图5-2中编号d的4个横向相位分布，说明纵向d主干道可以实现双向绿波通行。

经检查确认，在如图5-3所示的起始相位下，根据主干道双向绿波带模型固定的相位变化规律，道路网中横向和纵向的各条主干道均能实现绿波通行。

步骤三：检查横向主干道各交叉口相位顺序变化时，是否与纵向主干道的相位发生冲突。

以第2行a列的交叉口相位变化为例，2行a列交叉口的第2个相位为"↑"，第3个相位为"↓"，同时，3行a列交叉口向上的车流在第2个相位时到达2行a列交叉口，正好遇到绿灯通行；4行a列交叉口向下的车流在第3个相位时到达2行a列交叉口，正好也遇到绿灯通行。由此可知，2行a列交叉口的横向与纵向相位变化没有发生冲突，均能保证2行a列交叉口4个方向车流的绿波通行。

同理可知，其余交叉口的横向与纵向相位变化也都没有发生冲突，均能保证各个交叉口 4 个方向车流的绿波通行。

经以上这些检查后，可以确定，图 5-3 所示的道路网绿波带模型可以实现整个道路网各个交叉口 4 个方向车流的绿波通行。

至此，实现道路网绿波通行的一种绿波带模型建立完成。接下来使用 VISSIM 软件来模拟仿真这一道路网绿波带模型，并得出相应的评价指标。

5.2 道路网绿波带模型指标评价

为了模拟仿真，必须将所有的参数实例化。

对于图 5-3 所示的道路网绿波带模型，根据道路网绿波带模型的基本假设，在 VISSIM 编辑区域绘制出如图 5-4 所示的 4×4 规格的道路网，及其交汇形成的 16 个十字型交叉口，其中西一路为双向 6 车道，西二路为双向 4 车道，西三路为双向 4 车道，西四路为双向 6 车道，北一路为双向 2 车道，北二路为双向 4 车道，北三路为双向 6 车道，北四路为双向 2 车道。

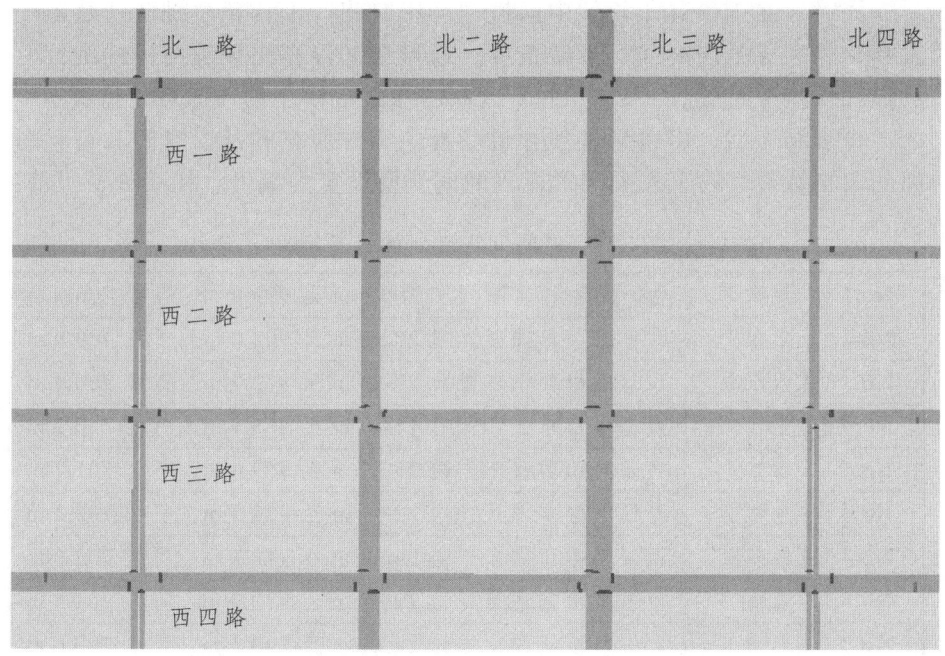

图 5-4　道路网绿波带模型实例化道路

而且：

（1）所有信号灯的周期均为 80 s，绿灯时长为 20 s，绿信比为 25%。

（2）根据图 5-3 所示的道路网绿波带模型配置 16 个交叉口的信号灯的起始相位。

（3）车辆期望平均速率选择 36 km/h。仿真的车辆类型依然只有小型汽车和重型卡车，其他车辆类型暂时不讨论。

（4）单车道车流量为 200 veh/h，双车道车流量为 400 veh/h，三车道车流量为 600 veh/h。为了简化分析，暂时不允许车辆左转，先定性道路网中直行车流的各项评价指标。

（5）相邻交叉口间的路程为 200 m，路程误差保持在 2 m 以内。

在"车辆驾驶行为"中，采用与理想化主干道双向绿波带模型一样的参数配置，即选择"城市机动车"模型，前视距离为 100 m；采用 Wiedemann 74 跟车模型；采用自由的变道规则；车辆在车道中央行驶，不用观察相邻车道的交通情况，不允许同车道超车；连续检测交叉口信号灯的相位，判断车辆当前位置是否可以顺利通过交叉口。

同时，在 VISSIM 软件中通过"行程时间"工具和"排队计数器"工具，来完成延误时间、排队长度、通行量和停车次数等指标的统计。具体操作步骤可参考"3.2　主干道双向绿波带模型的 VISSIM 仿真"。

仿真结束后，将得到各项评价指标。为方便查看延误时间和行程时间的表格数据，以下先列出"行程时间"所设定的编号，如表 5-1 所示：

表 5-1　道路网行程时间编号定义

No.1（1 西东）	西一路由西往东方向 290.0 m 至 990.0 m，行程 700.0 m
No.2（1 东西）	西一路由东往西方向 202.0 m 至 902.0 m，行程 700.0 m
No.3（2 西东）	西二路由西往东方向 272.3 m 至 972.7 m，行程 700.4 m
No.4（2 东西）	西二路由东往西方向 164.9 m 至 865.1 m，行程 700.2 m
No.5（3 西东）	西三路由西往东方向 257.7 m 至 959.4 m，行程 701.7 m
No.6（3 东西）	西三路由东往西方向 223.1 m 至 923.3 m，行程 700.2 m
No.7（4 西东）	西四路由西往东方向 246.2 m 至 948.2 m，行程 702.0 m
No.8（4 东西）	西四路由东往西方向 229.8 m 至 930.9 m，行程 701.1 m
No.9（1 北南）	北一路由北往南方向 143.9 m 至 844.5 m，行程 700.6 m
No.10（1 南北）	北一路由南往北方向 295.0 m 至 996.0 m，行程 701.0 m

续表 5-1

No.11（2 北南）	北二路由北往南方向 115.9 m 至 816.3 m，行程 700.4 m
No.12（2 南北）	北二路由南往北方向 290.1 m 至 990.8 m，行程 700.7 m
No.13（3 北南）	北三路由北往南方向 120.4 m 至 821.9 m，行程 701.5 m
No.14（3 南北）	北三路由南往北方向 296.1 m 至 996.8 m，行程 700.7 m
No.15（4 北南）	北四路由北往南方向 113.9 m 至 815.0 m，行程 701.1 m
No.16（4 南北）	北四路由南往北方向 283.6 m 至 984.0 m，行程 700.4 m

关于延误时间，如表 5-2 所示。

表 5-2　道路网绿波带模型的延误时间

编号	车辆总延误平均值	每车平均停车时间	每车平均停车次数	通过测量终点车辆数
No.1	0.5	0.1	0	576
No.2	0.5	0.2	0	624
No.3	0.4	0	0	415
No.4	0.8	0.4	0.01	432
No.5	0.5	0.1	0	395
No.6	0.3	0	0	362
No.7	0.4	0	0	579
No.8	0.4	0	0	599
No.9	0.6	0.3	0	204
No.10	0.5	0	0	174
No.11	0.4	0	0	378
No.12	0.5	0.1	0	409
No.13	0.5	0.1	0	560
No.14	0.6	0.2	0	592
No.15	0.3	0	0	204
No.16	0.3	0	0	203

从表 5-2 中可以看出，8 条主干道上车流的平均停车次数均为 0 左右，平均行驶延误在 0.8 s 以下，说明道路网中的各条主干道均实现了绿波通行。

接着关于行程时间，如表 5-3 所示：

表 5-3 道路网绿波带模型的行程时间

编号	行程时间	车辆数	编号	行程时间	车辆数
No.1	70.3	576	No.9	70.7	204
No.2	70.3	624	No.10	70.5	174
No.3	70.3	415	No.11	70.1	378
No.4	70.7	432	No.12	70.4	409
No.5	70.6	395	No.13	71.4	560
No.6	70.1	362	No.14	70.4	592
No.7	70.4	579	No.15	70.4	204
No.8	70.3	599	No.16	70.2	203

从表 5-3 可以看出，平均 700 m 的检测路段平均行驶时间为 70 s 左右，计算可知，车辆平均行驶速率为 10 m/s，折合 36 km/h，与道路设计速率一致。

以上是没有左转车流的软件仿真，仿真结果与理论分析基本一致。

当在道路网中加入左转车流后，左转车流在到达下一交叉口时通常会遇到红灯，这些左转车辆不得不在该交叉口停车排队等待。如果左转车流量较大，那么该交叉口的排队长度将变长，直接导致该交叉口车流的停车次数增多，最终导致通过该交叉口的平均延误时间增加。

表 5-4 为添加左转车流后道路网绿波带模型的延误时间，其中左转车流量占总输入流量的 1/3，这可以通过 VISSIM 的"行驶路径"进行配置。从表中可以看出，添加左转车流后，各主干道上车辆的平均停车次数有所增加，平均行驶延误时间也有所增加。当左转车流量占总输入流量的 1/3 时，道路网中各主干道的平均延误时间保持在 20 s 以下，大部

分主干道的平均延误时间在 10 s 以下。当左转车流量占比继续加大时，道路网中各主干道的平均延误时间也将随之增加。

表 5-4　添加左转车流后道路网绿波带模型的延误时间

编号	车辆总延误平均值	每车平均停车时间	每车平均停车次数	通过测量终点车辆数
No.1	1.5	0.1	0	399
No.2	7.6	3.8	0.12	420
No.3	17.3	10.9	0.38	300
No.4	8.1	3.4	0.12	274
No.5	4.7	0.7	0.04	265
No.6	5.9	1.7	0.09	235
No.7	6.4	2.7	0.09	389
No.8	1.4	0	0	389
No.9	11.6	4.9	0.35	152
No.10	3.1	0.5	0.04	230
No.11	12.9	7.3	0.23	741
No.12	13.7	8.5	0.27	267
No.13	9.3	5.4	0.18	1122
No.14	6.5	2.6	0.09	804
No.15	3	0.5	0.05	246
No.16	9.7	2.7	0.33	260

5.3　应用场景总结

已知图 5-3 所示的道路网绿波带模型可以实现道路网内直行车辆的绿波通行，其推导过程稍微有些复杂且容易出错，但仔细观察图 5-3 中相位分布似乎有些规律。为了更容易理解，以图 5-3 所示的道路网交叉口相位分布为单元矩阵，朝横轴方向和纵轴方向无限拓展，得如图 5-5 所示的道路网交叉口相位分布图。

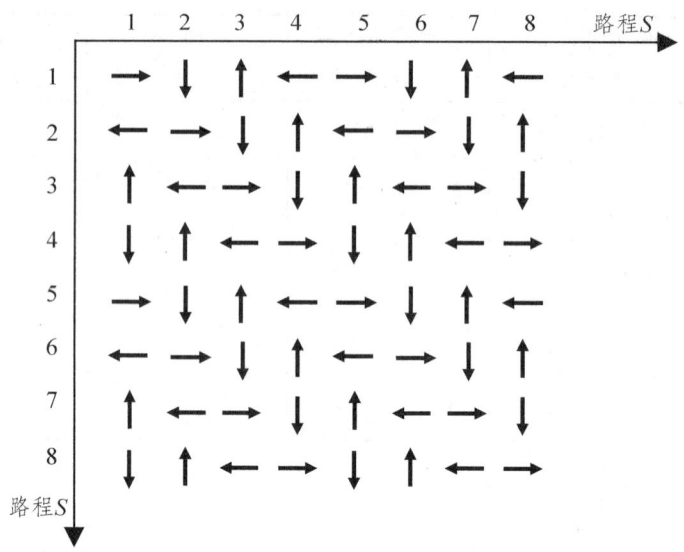

图 5-5　拓展后的道路网交叉口相位分布

从图 5-5 中可以看出，1 行 1 列交叉口开始的 4 个横向相位分布，依次重复出现在 2 行 2 列、3 行 3 列、4 行 4 列等交叉口，它们沿对角线平行分布。也就是说，图 5-4 所示的道路网绿波带模型，由其第 1 行的主干道双向绿波带模型沿对角线平行分布而组成。

掌握这一规律后，在实际交通工程中，对于形如图 5-3 第 1 行所示的交叉口相位分布，不需要重复复杂的推导，就可以得到一个道路网绿波带相位分布。而且这一规律可以用于道路网模型的纠错，一旦发现不符合这一规律的相位分布，即需要检查该模型的合理性。

除了 5.1 节推导的一种道路网绿波带模型外，还有另外 3 种沿对角线平行分布的道路网绿波带模型，如图 5-6 所示。

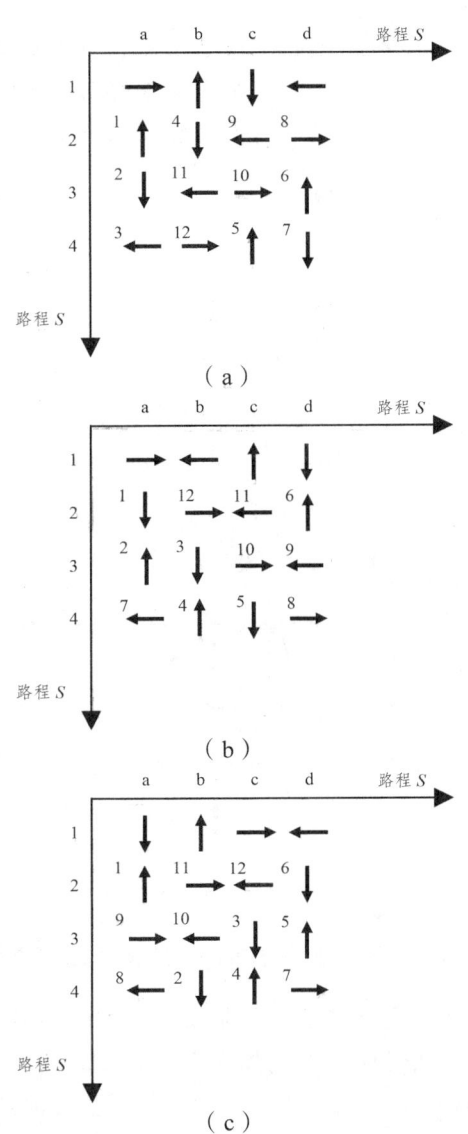

图 5-6　其他三种沿对角线平行分布的道路网绿波带模型

对于图 5-6 所示的沿对角线平行分布的道路网绿波带模型，横轴方向和纵轴方向上相邻的 4 个相位必须是一个完整的信号灯序列组合，而且相向车流须间隔奇数个单位行程。

除此之外，还有一些道路网绿波带模型的相位分布也呈现规律性，但不是沿对角线平行分布。比如图 5-7 所示，虚线框内 4 个交叉口相位沿顺时针螺旋分布，且 4 个交叉口组合沿对角线平行分布。还有更多的道路网绿波带模型能被推导出来，但其相位分布可能并不规律，有兴趣的读者可以自行推导。

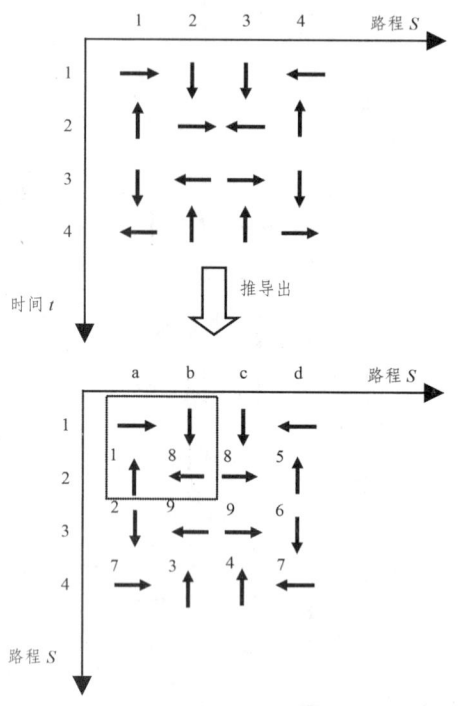

图 5-7　其他规律分布的道路网绿波带模型

对于道路网绿波带模型来说，不是所有的主干道双向绿波带模型都可以推导出道路网的绿波带模型。例如含有双直模式的主干道双向绿波带模型，这是因为双直模式中左转专用信号无法与垂直方向的直行信号相配合。

又比如，由图 5-7 所示的主干道双向绿波带模型所推导出的如图 5-8 所示的道路网模型，与图 5-7 所示道路网绿波带模型的区别在于 8、9 两步的推导（事实上，8、9 两步并不是推导的，其采用的筛选方法是备选排除法），虽然横轴方向和纵轴方向的主干道均可以实现双向绿波通行，但是，虚线框内的交叉口在下一相位时将出现冲突，导致向下的车流无法及时通过编号 8 的交叉口。

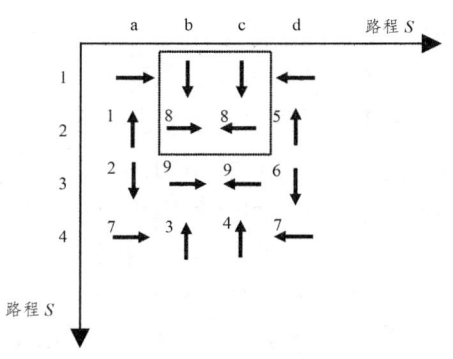

图 5-8 错误的道路网绿波带模型一

再比如,图 5-9 所示的主干道双向绿波带模型(与图 5-7 所示的绿波带模型的区别表现在后续的相位变化,如图中虚线框所示)也无法推导出道路网的绿波带模型,这是因为图中标号 2、3、4 的相位分布不是主干道双向绿波带模型,无法实现主干道的双向绿波通行,也就无法与其他主干道配合实现道路网的绿波通行。

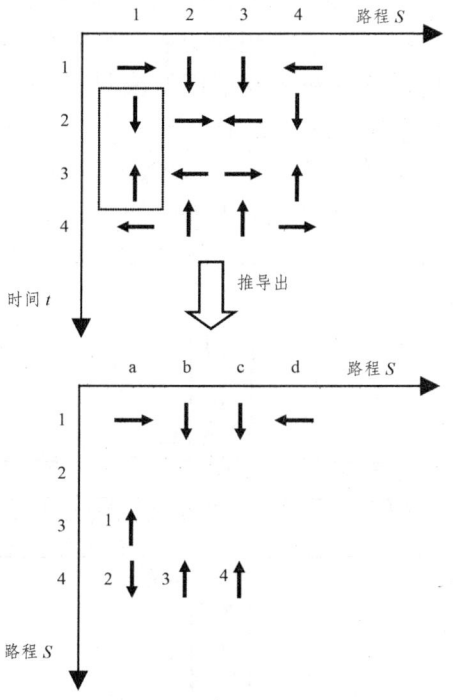

图 5-9 错误的道路网绿波带模型二

关于道路网绿波带模型的实际应用，与理想化主干道双向绿波带模型的实际应用相类似：首先根据实际交通要求，建立理想化道路网的绿波带模型。接着将实际道路网转化成理想化道路网，其中与理想化交叉口相重叠或相靠近的实际交叉口，采用相重叠或相靠近的理想化交叉口的相位配置；与理想化交叉口间隔较远的实际交叉口，则需要调整相关的相位配置参数，以达到或接近绿波通行的效果。

需要注意的是，当实际交叉口与理想化交叉口间隔较远时，不能调整南北方向交叉口的相序，只能调整该交叉口各个相位的时长。这是因为在道路网中，东西方向和南北方向的主干道都需要实现绿波通行，而且道路网绿波带模型中的相位分布在规定时间内具有唯一性（因为必须确保交叉口4个方向车流的绿波通行），调整相序将破坏道路网绿波带模型的完整性，使得南北方向或东西方向的车流无法实现双向绿波通行。

另外，可以根据实际道路网交叉口间距的比例关系进行子区域的划分，并基于划分的子区域各自建立不同的理想化绿波带优化模型，使得优化模型更好地适配于城市复杂的道路交通状况，从而有效地改善道路网中多个交叉口的交通信号协调控制，实现现实交通中复杂道路网车流的绿波通行。

对于个别难以划入道路网绿波带模型控制的交叉口，可以采用2.2.1节所介绍的方法，取消交叉口的设置，代之以类似环型岛的交通方式运行：对于T型交叉口，在2.2.1节已经讨论过，在此不再赘述；对于十字型交叉口，保留车流量较大的主干道上的直行车辆正常通行，在车流量较小的主干道上设置护栏，禁止车辆通行，采用绕行的方式实现车辆的直行和左转，如图5-10所示。

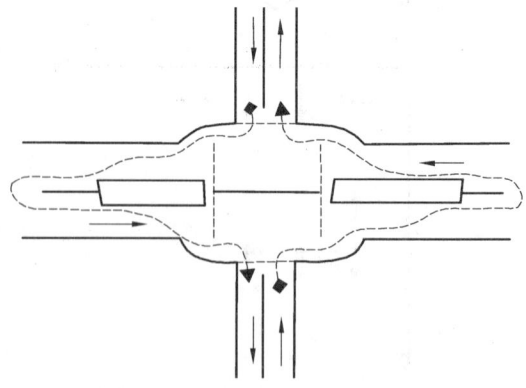

图5-10 十字型交叉口新型交通规划方案

5.4 本章小结

本章主要是针对理想化道路网提出了整个道路网的绿波带模型。

为建立理想化道路网的绿波带模型，本章首先根据理想化主干道双向绿波带模型，分析推导出能让理想化道路网实现各向绿波通行的一种模型方案，即道路网绿波带模型；其次根据道路网绿波带模型，配置了VISSIM仿真软件的相关参数，建立起仿真模型并得到所需的评价指标，利用这些评价指标验证了道路网绿波带模型的合理性；最后对道路网绿波带模型进行了归纳总结，并给出了实际应用的一些指导建议。

第 6 章
总结与优化

6.1 绿波带模型的意义
6.2 道路拥堵的预防与处理
6.3 与公交系统的结合
6.4 本章小结

第 6 章
总结与优化

前面几章分别介绍了：单交叉口的信号灯配置方式，以及特殊交叉口的信号优化控制；主干道多个交叉口的信号协调控制，建立了主干道双向绿波带模型，并实现了主干道双向车流的绿波通行，及其实际应用实例；道路网中多条主干道的信号协调控制，建立了道路网的绿波带模型，并实现了道路网中各车流的绿波通行。

本章将对绿波带模型进行总结评价，并对实际交通中常见的拥堵现象进行简单的剖析，并提出相应的预防和处理方案，最后研究绿波带模型与公交系统的融合问题。

6.1 绿波带模型的意义

道路交通管理与人类的生活息息相关，人类的经济活动、社会生活乃至国防安全等都与道路交通有关。随着社会经济的快速发展，民用汽车保有量迅速增长，路面上的交通运输量也呈快速增长趋势。尽管道路建设力度不断加大，但交通拥堵现象却越来越严重。交通拥堵问题，不仅造成了巨额的经济损失，还造成了城市环境污染、能源浪费和人民生命财产的损失。

对于交通拥堵问题，城市管理者一般通过对交通路网的物理扩张来解决，主要包括在现有的路段上增加更多的车道，增加新的路段以及改进交叉口的容量等方法。这些方法不仅造价昂贵、工期长、破坏城市环境，而且缓解交通拥堵的效果也十分有限[4]。

本书所研究的主干道双向绿波带模型和道路网绿波带模型，在不需要物理改造道路的情况下，通过合理设置交通信号灯的控制模式，协调优化多个交叉口信号灯的周期、绿信比和相位差配置，降低了路网中车辆的平均延误时间，以达到缓解城市道路交通拥堵情况的目的。

不仅如此，绿波带模型在实际道路中的成功应用，还具有以下两点重要意义：

（1）对于交通优化控制研究的学者来说，绿波带模型提供了一种全新的思维方式，不需要复杂的算法控制，只需要简单的定时控制即可实现绿波通行。同时建立了实际道路与理想模型的映射关系，未来对于绿波带模型的优化算法，可以直接在理想模型中仿真，而不必过多地考虑实际道路交通的复杂情况。

（2）对于交通管理者和道路规划者来说，绿波带模型具有一定的指导意义。我们已经知道，如果实际道路交叉口间距成比例关系的话，绿波带模型就比较容易地应用到实际道路中，那么在道路的前期规划中就应该考虑这一点，尽量让交叉口有规律地分布，方便后期道路交通的管理。

6.2 道路拥堵的预防与处理

绿波带模型是以绿波通行的准则而设计的，正常情况下，应用绿波带模型的道路不会出现排队拥堵的问题。但是，实际的交通情况要复杂得多，无论突发的交通事故，还是突发或固定时段的交通高峰，都可能导致交通拥堵问题。

6.2.1 拥堵指标

在制定道路拥堵的预防措施之前，首先需要知道，绿波带模型在什么情况下会出现拥堵，而出现拥堵时交通流呈现什么样的特征。

一个道路交叉口是否拥堵，由该交叉口各个方向上的输入车流量决定，如果输入车流量很大，任何信号灯配置方式都无法使得所有车辆通过交叉口，那么在输入车流平稳的情况下，该交叉口必然出现拥堵现象[2]。

通常情况下，为简化问题的分析，理论研究人员往往将交叉口的设计通行量等同于实际通行量，因此定义一个道路交叉口是否拥堵的指标为：进入交叉口的输入车流量超过其设计通行量时，该交叉口将出现拥堵现象。

上述命题是正确的，当设计通行量小于输入的车流量时，多余的车流量必然在交叉口排队，几个信号灯周期后，车辆排队长度将越来越长，逐渐就会出现拥堵现象。

但是，这个原命题的否命题是否成立呢？即当输入车流量小于交叉口设计通行量时，交叉口是否就一定不会出现拥堵现象呢？

举个例子，以主干道双向绿波带模型为例，假设输入车流量是平稳的，双向 2 车道的主干道上，第 3 个交叉口由西往东方向有 5 辆车在排队等待，平均每车长 4 m，车间距 2 m，那么 3 号交叉口的排队长度为 30 m。按照正常的平均设计速率 10 m/s 计算，正常行驶车辆需要 3 s 时间通过；而排队等待的车辆需要从静止状态起步，越过交叉口停车线的平均行驶速率将低于正常的平均设计速率，按平均速率 5 m/s 计算，需要 6 s 的时间才能越过停车线。

此刻，从 2 号交叉口输出 15 s 的车流（低于 20 s 绿灯时长的设计通行量），当这股车流到达 3 号交叉口的排队区域时，3 号交叉口的信号灯还有 3 s 才会转成绿灯，于是这股车流全部停车等待，粗略计算，此时有 180 m 的排队长度（15×10+30=180）。

当 3 号交叉口允许通行时，20 s 的绿灯时长只能让排队长度小于 100 m 的车辆通过（排队等待车辆平均通过速率为 5 m/s），于是一个信号灯周期后，3 号交叉口此时的排队长度增长为 80 m。又因为车流量是平稳的，每个交叉口的绿灯时长都是固定的，按照排队长度这样的增长速率，几个周期之后，3 号交叉口必然出现严重的拥堵现象。

虽然这里以主干道双向绿波带模型作为典型例子（主要是因为绿波带模型各个参数都精确控制，易于分析理解），但以上的分析方法同样适用于实际的道路交通情况。

从上面的例子可以看出，当输入车流量小于交叉口设计通行量时，交叉口并不是"一定不会出现拥堵现象"，而是也会出现拥堵现象。这也从反面例子指出，通常意义的拥堵指标具有一定的偏差，而且交叉口的设计通行量并不能等同于实际通行量，二者需要区别对待。比如上面的例子中，3 号交叉口实际的通行量只有约 17 辆（100/6=16.7），而设计通行量为 25 辆左右（200/8=25，4 m 的车长加 4 m 的车间距，20 s 正常行驶 200 m）。

而修正的拥堵指标应该是：在其他条件平稳的前提下，进入交叉口的输入车流量超过其实际通行量时，该交叉口将会出现拥堵现象。

虽然拥堵指标得到修正，但这个"实际通行量"却是模糊不定的，每个交叉口的实际通行量影响因素很多，导致交叉口实际通行量在不同时段不同交通状况下都是不同的。但是，能够预示交叉口实际通行量的评价指标也很多，例如排队长度、停车次数、延误时间和行程时间等。

虽然停车次数、延误时间和行程时间等交通评价指标都能够预示道路的实际通行量，但由于这些指标在实际交通中并不容易被准确测量，而只有排队长度在现有技术手段（甚至只需借助肉眼）下就可以实现测量及监控。而且排队长度、停车次数、延误时间和行程时间都是相关联的，它们相互成正比例关系，即排队长度越长，相应的车辆停车次数越多，延误时间也越长，导致车辆的行程时间也越长。因此这里选择排队长度作为实际道路通行量的关键指标。

由通行量的定义（一定时间内通过指定检测路段停止线的车辆数）可知，在车流量恒定且车速恒定的情况下，当检测路段的路程一定时，车辆通过该检测路段所花费的时间（即行程时间）越短，则一定时间内通过该检测路段的车辆数将越多，即通行量越大。也就是说，实际通行量与车辆的行程时间成反比例关系：

$$C_p \cdot t_p = m \tag{6-1}$$

其中　C_p——实际通行量，

　　　t_p——车辆的行程时间。

车辆在交叉口进口引道上的排队长度越长，车辆的停车次数将越多，由图1-2可知，其通过交叉口停车线的行程时间将越大，也就是说，排队长度与行程时间成正比例关系：

$$L_q = n \cdot t_p \tag{6-2}$$

其中　L_q——交叉口进口引道上的排队长度。

由式（6-1）和式（6-2）可得：

$$C_p \cdot L_q = m \cdot n \tag{6-3}$$

即实际通行量与排队长度成反比例关系。

从式（6-3）可知，交叉口进口引道上车辆的排队长度越长，其实际通行量越少，交叉口发生拥堵的概率就会越大。相反地，交叉口进口引道上车辆的排队长度越短，其实际通行量越大，交叉口发生拥堵的概率就会越小。

综上所述可知，排队长度是实际道路通行量的关键性指标，同时也是交叉口是否拥堵的关键性指标。

另外，排队长度还是交叉口是否拥堵的直接评价指标。当某一交叉口进口引道上的排队长度达到一定阈值时，即可判定该交叉口已经进入拥堵状态。排队长度是交叉口拥堵的直接外在表现形式，而北京交通发展研究中心首创的交通拥堵指数（北京市地方标准）则不具备这样的特性，而且其所采用的车辆平均行驶速率指标具有以下几个缺点：一是数据采集难度大，需要大量的车载 GPS 实时回传车辆的动态位置信息和动态速率信息；二是采集到的数据量大（其中还有噪声数据需要剔除），导致数据处理延时较大；三是配套的设备成本高。

6.2.2 预防与处理

实际交通工程中，进入交叉口的车流量往往难以预测且随机性较大，因此为了预防交通出现拥堵，必须提高道路的实际通行能力，即提高道路的实际通行量。

已知排队长度是实际道路通行量的关键性指标，那么为了预防道路出现拥堵，显然就是尽量控制每个交叉口进口引道上车辆的排队长度，使其尽量不要达到拥堵的阈值。这里只是控制交叉口排队长度不要达到一定的阈值，而不是完全杜绝交叉口排队长度的产生。原因有两点，首先是完全杜绝排队现象在实际交通中不可能实现，其次是一定的排队长度并不影响车辆的绿波通行。

下面主要讨论两种不同的优化方案：一种是适时地调整绿波带模型内的交叉口信号灯周期；另外一种是保持绿波带模型内的交叉口信号灯周期不变。

首先是第一种方案，适时地调整绿波带模型内的交叉口信号灯周期，本质上是为了调整交叉口信号灯的绿灯时长。绿灯时长的增加，将使到达交叉口的车流有更充足的时间越过停车线继续前行，有助于滞留车辆的顺利通行，减少交叉口车辆的排队长度。

这种优化方案适用于交通流量差异较大的路段，尤其适合有明显高峰低谷流量变化的城市道路交通。由于城市交通的高峰时段相对固定，因此可以采用分时段的优化控制方式：在高峰时段，适当地增加交叉口信号灯周期，能够提高交叉口的通行能力，缓解高峰时段的交通压力；在平峰或低谷时段，保证通行顺畅的前提下，适当地降低交叉口信号灯周期，能够减少停车等待车辆的延误时间。这种分时段的优化方案，避免了复杂优化控制算法的应用，降低了信号灯控制系统的复杂性，同时提高了控制系统的稳定性。

由于绿波带模型中所有交叉口的周期都是一致同步的，因此所谓的周期调整是指绿波带模型中所有交叉口的周期调整，这就涉及所有交叉口信号灯之间通信的同步性问题，即当需要调整信号灯周期时，必须是所有信号灯同时完成，不允许有较大的延误，这一点对信号灯的控制系统有较高的要求。

接着讨论第二种方案，保持绿波带模型内的交叉口信号灯周期不变，通过调节绿波带模型外围的交叉口，使得输入绿波带模型的车流量得到有效抑制，利用原有的道路通行能力尽快地让滞留的车辆通行，当交叉口滞留的车辆降到拥堵的阈值以下时，可以恢复原有的输入车流量，恢复道路原有的通行能力。

这种优化方案不需要调整绿波带模型，工程量较小，方便交通管理员人工控制，适用于突发的短时的交通高峰，同时也适用于处理已经拥堵的道路交通。

另外，根据主干道双向绿波带模型的仿真结果，在绿波带模型内部的交叉口均能让上一交叉口来的直行车流无阻碍地绿波通行。在相邻交叉口间，直行车辆的平均停车次数为 0，平均停车延误也基本在 0 s 左右，一般不会在当前交叉口产生排队长度。而上一交叉口左转、右转以及掉头进入当前交叉口的车辆不受绿波带模型的影响和控制，由于绿波带模型的绿灯相位专为直行车辆设计，其他形式进入当前交叉口的车辆往往分配不到绿灯相位，从而在当前交叉口形成一定的排队长度，间接地影响了下一周期直行车辆的绿波通行。

基于这种情况，为了达到预防交通拥堵的目的，在道路交通规划设计初期，就应该重点考虑那些左转或右转车流量较大的交叉口，并在这些交叉口的下一交叉口适当地延长相应的绿灯时长，方便这些转入的车辆顺利通行，同时也保证下一交叉口不会出现较长的排队长度，影响直行车辆的正常通行。

此外，在处理绿波带模型内交叉口的拥堵问题时，与以往交通经验不同的是，交通管理人员不应重点限制上一交叉口直行车辆的进入，而是应该重点限制那些不受绿波带模型控制的左转或右转车辆的进入。

6.3　与公交系统的结合

在主干道双向绿波带模型和道路网绿波带模型的 VISSIM 仿真中，

之前只考虑了小型汽车和大型卡车，并没有公交车辆的参与。

这是因为公交车辆在正常行驶中启停的次数明显高于绿波带模型中的零停车次数，而且乘客上下车的时间不固定，总的来说，最终影响了公交车辆的平均行驶速率。而绿波带模型对参与其中的车辆的行驶速率有较为严格的限制，车辆行驶速率过快或者过慢，都会影响绿波带模型的运行效率。

基于公交车辆与小型汽车的驾驶行为区别较大，在建立绿波带模型时，为简化分析以及简化模型的建立难度，忽略了公交车辆这一影响因素。

当绿波带模型建立完成后，现在的主要任务是如何将公交车辆也纳入绿波带模型的交通体系下。

首先，从绿波带模型入手，绿波带模型里可以进行调节的配置参数主要有信号灯周期和绿信比、车辆设计速率以及交叉口间距。这3个配置参数只要确定了任意2个，第3个参数也就确定了。在实际交通工程中，往往首先确定交叉口间距，然后是车辆的设计速率，最后来调节信号灯的周期和绿信比。

为了适应公交车辆较慢的行驶速率，同时兼顾小型汽车正常的行驶速率，绿波带模型的配置参数需要不断调试以达到最佳的平均延误时间。由于两者之间的平均行驶速率相差较大，绿波带模型较难同时满足这两类车型的交通需求，只能偏向于某一方做优化配置，而另一方则配合这种次优配置，最终还是会影响绿波带模型整体的运行效率。

其次，从公交系统的特性入手。我们知道，与小型汽车相比，公交车辆的瞬时速率与小型汽车差不多，而公交车辆额外的延误时间主要发生在公交站点，包括减速驶入公交站点的延误时间，停车等待乘客上下车的延误时间，以及加速驶出公交站点的延误时间。如果所有这些额外的延误时间加起来等于下一交叉口信号灯的周期，那么当公交车辆行驶至下一交叉口时也会刚好遇到绿灯放行，从而实现公交车辆在绿波带模型中的绿波通行。

于是，这种解决方案的关键在于公交系统运行状况的调整，而不是绿波带模型的调整。这样的调整更适合实际的操作。至于公交系统内部运行效率的调整，并不在本书的讨论范围，在此不再详细叙述。

但是，如果无论怎么调整公交系统，都无法使其额外的延误时间等于交叉口信号灯的周期时长时，可以考虑适当地调整交叉口信号灯的周期（也就是第一种方案，周期调整后，绿灯时长也会变化，整个绿波带模型都要做相应调整），使得信号灯周期时长与公交车辆额外的延误时间相等或者相近。

通过以上这些方法，公交车辆也可以纳入绿波带模型的交通体系下。至此，绿波带模型可以完全适配实际道路的各种机动车辆类型，使得绿波带模型可以更加适用于实际的道路交通情况。

6.4 本章小结

本章主要是对本书提出的绿波带模型的评价与优化。

本章首先对本书提出的绿波带模型进行总结评价，从侧面指出了其在实际交通工程中发挥的重要作用，同时也强调了其对于交通学术领域和未来道路规划的指导意义；其次对实际交通中常见的拥堵现象进行深度剖析，指出交叉口进口引道上的排队长度是道路拥堵的关键性指标，并提出了相应的预防和处理方案；最后研究绿波带模型与公交系统的融合问题，使其可以完全适配实际道路的各种机动车辆类型。

由于实际的道路情况较为复杂，本书并没有讨论具体的配置值，只讨论通用的方法及其示例，当需要应用到实际道路交叉口时，还需根据当地的交通情况来具体配置。

参考文献

[1] 何玉宏. 中国城市交通问题形成的背景、原因及其发展趋势[J]. 城市交通，2003（1）.

[2] 李银飞. 城市道路通畅性问题研究[D]. 杭州：浙江大学理学院，2006.

[3] 尹升. 浅析城市道路交叉口的交通管理存在若干问题的解决措施[J]. 黑龙江科技信息，2014（4）.

[4] 臧利林. 城市交通信号优化控制算法研究[D]. 济南：山东大学，2007.

[5] 辟途威交通科技（上海）有限公司. VISSIM 5.20用户手册（中文版）. 2009.

[6] 赵队家，李智，等. 美国道路交叉口及其交通控制[J]. 山西交通科技，2013（1）.